松下洸平
じゅうにんといろ

Part.
1

contents

The cover and opening pages are special photos.
hair & make up Yasushi Miyata (THYMON Inc.)
styling Tatsuhiko Marumoto
photo Tetsuya Higashikawa (ASAHI Shimbun Publications Inc.)

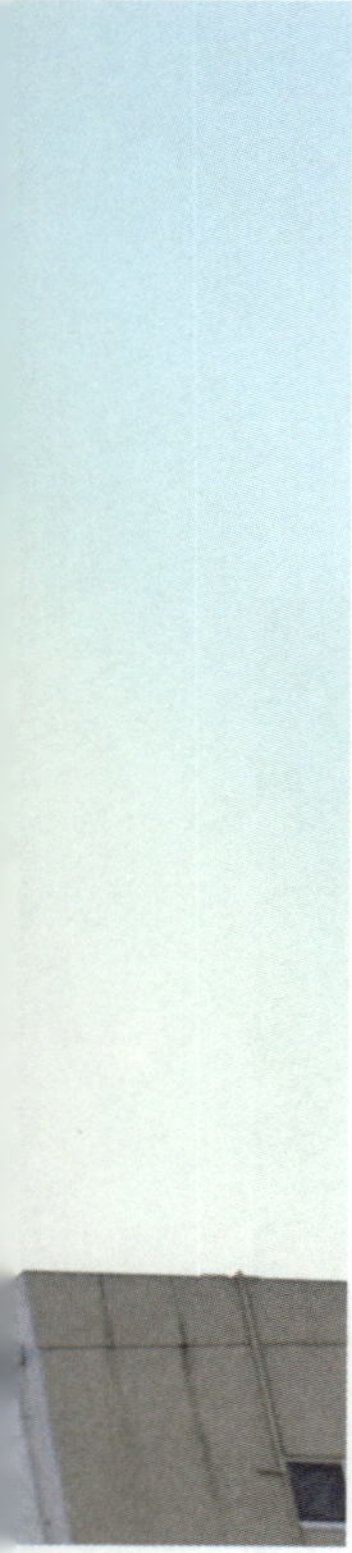

「十人十色の
生き方と想いに触れ、
自分自身を彩っていく。」

prologue

僕は絵を描くことが好きで、白い余白を見るとわくわくします。キャンバスや画用紙を見ると心が躍るんです。

　純白で清潔感があるとか、そういう人でいたいというわけではなく、単純にいつも心は白いキャンバスのようでありたいと思っています。

　いま会いたい人との出会いを描き、文字や色で彩っていく。２０２２年7月、そんな幸せな企画がスタートしました。

Guest

1

井浦新

俳優

新さんとの対談・撮影は2022年6月。もう3年も経つんですね。最初のゲストとしてのご登場を新さんが快諾してくださったとき、この連載はきっと素晴らしいものになると確信しました。

現場を笑顔で過ごしたことがないくらい極端だった

井浦　連載おめでとうございます！（拍手）

松下　ありがとうございます！　いやあ、本当に光栄です。1回目に来ていただけて本当にうれしいです。

井浦　声をかけてもらって、めっちゃうれしかった。しかし……（周囲をぐるりと見回して）、初めてだから連載チームもなんだか、あれだね（笑）。フレッシュなかんじで。

松下　今日が初回なので！

井浦　ここから関係を作っていくわけだね。パターンが決まってないもんね。

松下　（笑）。新さんとは、TBS系ドラマ「最愛」（2021年）で初めてお会いしたんですよね。それまでは、アナーキーな人だと思っていたんですが、お会いした途端、見事に裏切られました。こんなに優しくて、柔和な人だと思っていなかった。

井浦　ははは（笑）。

松下　勝手に新さんには強烈な印象があったので、出会って最初の撮影がバチバチに向き合うシーンで、内心びびってましたね。でも臆してはいけない役だったから、ぐっと力が入ったことをよく覚えてます。

井浦　顔が寄ってにらみ合うようなシーンもあったし。近い、近いよ！っていう。

松下　でもロケの合間にお話しさせてもらうと、泉のようにいろんな話をしてくれる。その時の新さんの目は、好きなものを語る少年のようでした。

井浦　危ない人になってないかな？（笑）

松下　なってないです（笑）。初対面で、まだ得体の知れない僕に対してフラットに話してくださったことがうれしかったです。これまで身を投じてこられたこと、経験されてきたことをもっと聞きたいなとも思いました。すごい人に出会えた！という感覚でした。

井浦　いやいや、そんなことはないよ。洸平くんは今の年齢で、どんな人でも相手の懐に飛び込んでいって関係を築いていける。それができるのは、とても素敵なことだな、と思ってみていた。僕は若い頃、現場でうまく立ち回れず、たくさん失敗してきたから。

松下　そんな新さんは全然想像つかないです。

井浦　現場を笑顔で過ごしたことがないくらい極端だったよ。

松下　えー、信じられない！（笑）

井浦　いろんな人と現場で出会って、その貴重なご縁に感謝しなければならないと気づいたのが、自分はとても遅かったの。

松下　そうだったんですか。僕は今の新さんしか知らないからなあ。

井浦　今は、できるだけ笑顔で、わっきゃわっきゃと楽しく過ごしたいと思ってる（笑）。芝居以外の場所では、相手を理解して楽しく過ごして、だけど芝居ではバチバチやろう、と。人と人との関係がうまくいくからこそ、芝居が面白くなることがわかった。20代の頃は、芝居で対峙する相手とは、それ以外の場面でもバチバチじゃないと、その役ができなかった。現場からも距離をおいていたしね。

松下　ええー、想像できないです。

井浦　でも、そうすると作品は残るけど、相手を嫌な気持ちにさせてしまったり、自分の中に苦しくてヒリヒリしたものが残ってしまったり。年齢を重ねながら、次第に今の自分になってきた。

年齢を重ねながら、次第に今の自分になってきた(井浦)

松下　自分自身と向き合うって勇気がいりますよね……。その上で、自分を変えようとするのはもっと大変だと思います。どのように変化されたんですか?

井浦　一番のモチベーションは、失敗じゃないかな。迷惑をかけて、自分も心を痛めて、もうこんな気持ちになりたくない、と。巻き込んだ相手をもう傷つけたくない、とも思った。

松下　失敗から気づくこと、僕もあります。

井浦　失敗だよ、失敗しまくり!(笑)

松下　僕も以前、同じような経験をしました。自分がどういう人間かわからなくなって、模索した時期があります。一生懸命やっても結果が出なくて、自分自身を疑った。僕に足りないのは何だろうか、と。それで、自分の性に合ってないことがわかっていないのに、ちょっと偉そうにしてみたら何か変わるかな、と試してみる。でも、ことごとくうまくいかなくて。そのたびに周囲に迷惑かけて、人が離れていくこともありました。

井浦　うんうん。

松下　どれもしっくりこなくて、自分が自分じゃないような気がしていて悩みました。その頃、光石研さんと初めてドラマでご一緒する機会があったんです。光石さんは、こんな簡単な言葉で言っていいのかわからないのですが、優しいですよね。

井浦　そうだね。

松下　すごく惹かれました。優しい人と一緒にいると優しくなれる。自分にないのは優しさかもしれない。変わりたいな、と思った瞬間でした。新さんも、

自分にないのは優しさかもしれない。変わりたいな、と思った（松下）

こうなりたいと思うような人がいますか？

井浦　いるいる。かっこいいな、こうやって生きていけたら素敵だなという人。歴史上の人物に憧れちゃうんだよ。

松下　出た！　これです、ここからです（笑）。

井浦　いやいや、もちろん身近にもいるんだよ（笑）。強烈に心に残っているのは、原田芳雄さん。芝居以外の場所で出会って、何か特別なことを話したわけじゃないんだけど、芳雄さんの居住まいや背中、仕草に刺激を受けた。どう年を重ねたら、こうなれるのだろう、と思った。男が惚れる男だったな。

心の充電が常にマックス。新さんは豊かなパワーをくれる人

井浦　洸平くんが自然や文化に興味があると聞いて、おそらく好きなものや見てきた風景が重なるだろうな、と感じ、いろいろ話せることがあると思っていた。

松下　うれしいです。

井浦　旅もたくさんしてるよね。

松下　新さんも旅がお好きですよね。

井浦　僕の旅は、会ったこともない、違う時代の武士や仏像を彫る人、写真さえ残っていない時代の人の痕跡を訪ねることが多く、その人が見た景色を見てみたいということが動機になる。作品、仏像、修業した場所に遺されている巨石を前に、その時代に思いをはせる。同じ場所に立ってみて「この絶壁登っていったのか！　自分は登れない」とか（笑）。

松下　それは自分自身の人生のためですか？　それとも得たエネルギーを芝居に生かしていくために、仕事の一環として行かれるんですか？

井浦　そこは、両方だね。間違いなく心が潤い、経験と知識が増えていく。民宿のおっちゃんの息遣い、料理を出してくれる時のガサッとした腕の使い方。道を教えてくれた農家のおばあちゃんの、これ以上ないくらいのくしゃくしゃの笑顔とか。

松下　うわぁー、わかる気がします。

井浦　圧倒的な広さの太平洋を目の前にしたら、口は開いてるけど、声は出なかった、とか。そんな風に自分を俯瞰してみたら、芝居に生かせることもたくさんある。すぐには出せないかもしれないけど。

松下　新さんは、たくさんの場所でたくさんの人に出会い、たくさんの景色を見ているから、心の充電が常にマックスなんじゃないかな。

井浦　心の充電か。

松下　新さんは、僕にとって豊かなパワーをくれる人なんです。あたたかい。それは旅をしているからなんですね。

井浦　そうかもしれない。20代の頃はスポンジのようにどんどん入っていくんだけど、アウトプットがなかった。出合うもの、見るもの全てが初めてで、わかったような気がしていたけど、表現できていないことに30代で気づいた。僕はモノづくりをしていたから、そこに変換し、アウトプットできたのはラッキーだった。

松下　それは服とか？

井浦　そう。洋服の他にも、撮った写真や脳裏に焼き付いて残っている風景を帰ってからスケッチして、グラフィックにしていくこともある。ただ、旅先での出会いを、この芝居に生かすぞ、とポンと取り出せるほど簡単ではない。でも、ふとした瞬間に、あの旅の途中で、あいさつした人の意外すぎる返し方が、今出てきちゃった、みたいなことがある。

松下　すごいなあ。僕は今、自分について考える余裕がなくなっているかもしれない。日々のスケジュールをこなすのに一生懸命で、流れていってしまうというか……。

井浦　そうだよね。

松下　ドラマをたくさんの方が見てくれたこと。それはうれしいことなのに、素直に喜ぶ心の余裕がなかったり……。新さんでも余裕がなくて自分を見失うようなことってありますか？

井浦　あるある。自分の場合はいつも今が一番忙しい。5年前より、昨年。昨年より今。いつも「死にそうだ」と思っていたはずなのに、それをクリアして免疫がついて、ステージがあがって違う景色が見える。自分を見失っていた時って、逆に暇だよね。

松下　ああ、確かにそうかもしれない。

井浦　夢中でいろいろやっていたはずなのに、やっている気分になっていただけで、完全に見失ってたと思う。忙しいほど時間の使い方がうまくなった。

松下　自分をコントロールできるようになったということですか？

井浦　うん。でも、忙しさに負けちゃっていた頃は、休養と次への準備で精一杯で、外出すらできなかったから。これでは心が壊れるな、と思った。忙しくても、好きなことをしている時間があると全然違うからね。

松下　それは、自分自身に今、足りないことだと思います。つい自分をおろそかにしがちで。新さんは、自分を褒めることはありますか？

井浦　できてないな。褒めるといいことがあると思うんだけど、どうしても苦手で。経験豊かな先輩方は自分を褒めてるから、やったほうがいいことだよね。

松下　僕も最近、そう思うようになりました。

井浦　洸平くんにも、芝居以外のものはたくさんあるじゃない。陶芸や絵、音楽、文章も書く。

松下　確かに、曲を作ったりすることでアウトプットできますよね。何者でもない自分が作り出すものが形に残る。自分らしさを保てている一因ではあると思います。

井浦　それがあるのとないでは、全然違うよね。ひとつの作品が終わった時の今だからこその気持ちを、

作品が終わったあと、
抜け殻のように
なることがあって（松下）

それは危ない。
燃え尽き症候群に
なってしまう（井浦）

表現したい。そう思った時、ありがたいことに洸平くんも自分も、気持ちをなぞるだけではなく、立体にしたり、音にしたりということができる。これは、強いよ。

松下 そうですね。

井浦 1日30分でも、1時間でもいいから、好きなことをする時間を入れていく。そうすると、趣味も続けていける。

松下 自分自身を豊かにしておくことは大事ですね。新さんのお話を聞いて、改めてそう思いました。

自分は、すべて飲み込むタイプ。ごっくん、と（笑）

松下 新さんは、役を作る時はどういうアプローチをするんですか。

井浦 まずは、監督やプロデューサーのビジョンを聞き、それを軸に芝居や気持ちを整えていく。あとは直感で、面白くないな、と思ったことはやらないことにしている。例えば「優しく」と言われて、そう演じていくんだけど、これ以上やったら役の人間としての幅が狭くなるな、と感じたらやめる。修正が利かなくなる前に、別の要素を入れていく。

松下 そっかあ。新さんの演技からは、それが見えるんですよ。優しさの中にも、いろいろ抱えているものがあるな、と。でも、それが何かわからない。それが面白いし、すごいなと。

井浦 洸平くんは？ 役にどうアプローチするの？

松下 僕は台本を読む時から、自分自身と個人の価値観をなるべく排除して作るようにしています。役を自分の中に入れていくのではなく、自分自身が役に入っていくタイプかもしれないですね。いいことなのか悪いことなのかわからないけれど。

井浦 いいも悪いもないよ。

松下 ただ、3～4カ月その役が続くと、本来の自分がわからなくなってしまう瞬間があります。

井浦　負荷がかかりすぎちゃうんだね。

松下　だから作品が終わったあと、抜け殻のようになることがあって。

井浦　それは危ない。燃え尽き症候群になってしまう。

松下　そうなんですよね。

井浦　俳優の仕事は、自分自身を器にして、その中に監督や共演者を入れて、自分じゃない何者かを作っていくこと。その役を終えた時に、器の中身をざーっと流して捨てるのか、それともちゃんと自分の中に入れて栄養にするのか。それによって、その後の自分が全然変わってくると思う。

松下　器という表現は、とてもよくわかります。僕の場合、その器はひとつ。ひとつのことしかできないから。

井浦　うん。

松下　でも、今やっている作品が終わると、すぐ次の作品がくるじゃないですか。

ひとつしかない器が、パンパンになっているのに、カバンの中には、もう次の台本が入っているわけです。次の作品に入るまでの2、3日の短いスパンでどうするのか。焦って、器の中身を全部バッシャーとしたこともあるんです。でも、その瞬間の虚無感はとてつもない。

井浦　自分は、すべて飲み込むタイプ。ごっくん、と（笑）。

松下　そっちかー（笑）。

井浦　絶対にこぼさないようにする。おいしくいただくんじゃなくて、プロテインみたいに飲み込む。飲み込んだら、今までやった役たちと混ざっちゃうけど、結果、新しい何かが生まれる。互いが反応しあって、新しいものが出るんだよね。

松下　確かに、そうですね。

井浦　新しい作品に出合った時に、今までの役と地続きなんだな、と思うこともある。あの役があったから、今これができるんだな、と。だから、捨てたり拒絶したりせず、全部丁寧に飲み込んで栄養にしようと思うとラクだよ。こいつの先に生まれるのは何だろう、と楽しみにもなる。

松下 場合によっては、器を一度「壊す」という選択肢もあると思うんですが、どう思いますか？

井浦 うん、はがしてバリバリバリと壊して、捨てていた時もあるけど、自分には向いてなかった。

松下 それも失敗から学ぶことですかね。

井浦 ちょっと負荷がかかってしまった。作品に思いがありすぎて、捨てられない時もやばかった。引きずりすぎてしまい、廃人のようになって。

そんな経験をしながら、自分は、ごちゃまぜになったとしても飲み込んで栄養にしないといけないんだな、と気づいた。自分には消化吸収が一番合っているなって。

松下 いろんなやり方があるんですね。

井浦 自分の心に一番無理のないやり方を選ぶといいよ。もしかすると、全部、ひとつひとつを別の壷に入れて蓋をして、コレクションする人もいるかもしれない。名前書いて、並べるようにさ。

松下 あはは（笑）。

井浦 役とのサヨナラの仕方だよね。

松下 わあ、いい言葉ですね！「サヨナラの仕方」か～。僕らの仕事は、それを繰り返していかなきゃいけない。クランクインした時から、サヨナラに向かっているわけですもんね。

井浦 映画やドラマの中で、その役を短いながらも生き抜いていく。器があふれていく感覚はあるけれど、さみしいと思ってばかりもいられない。不思議な仕事だなあ。

井浦 そう、不思議。言い換えると、サヨナラはするけれど、また新しい出会いがあると考えると、すごく幸せ。

もちろん、短いスパンで次に行かなければいけない大変さはあるけれど。

松下 そうですね。

井浦 昨日の自分とは違う自分を生きてる。その楽しさを、仕事を続けるモチベーションにできたらいいね。

松下 それが楽しい部分でもありますね。ジェットコースターに乗っているような。

井浦 そう。別人格を楽しむ。それが、すごいエネルギーになるんだよ。

「いいじゃん、好きなことなんだから」と言ってくれた

松下 仕事は、楽しくなくてはダメだと思いますか？

井浦 うん。最終的には。作品の内容によっては、楽しさなんて微塵も出さずに芝居しなければいけないような、とても重い役もあるよね。

松下 はい、ありますね。

井浦 現場で笑顔を出すことすら不謹慎なんじゃないか、という作品やチームもある。でも、それらもひっくるめて楽しいな、と思えるスタンスでいたい。悲しみ、苦しみをすべて内包して、楽しんでやりた

井浦新

いな。

松下　新さんは、きっと俳優という仕事を、モノづくりだととらえている方ですね。

井浦　うん、とらえてるね。

松下　モノをつくる職人さんのような気質がおありです（笑）。

井浦　そうかもしれない。

松下　僕もお芝居はモノづくりだと思うし、ずっとモノづくりがしたくてこの業界に入ったから……。

井浦　あれ？　ラップしたかったんじゃないの？（笑）

松下　あはは（笑）。ある番組で、僕が高校時代にラップをしていた映像が流れたことがあって。ちょうど新さんと初共演した「最愛」の撮影中で、次の日の現場でいじられ倒しました（笑）。みんな、ラップ調で「YO！YO！」って（笑）。

井浦　「最愛」の現場は楽しくて大成功だった。その最大の要因は、洸平くんが犯人をわかってなかったこと！（笑）

松下　あはは（笑）。いま、褒めてくれるのかと思ったら！　そこですか（笑）。

井浦　最後まで「誰？　僕じゃないよね？」って（笑）。

松下　僕ら警察官役のメンバーには、あえて知らされてなかったんです。撮影の度に犯人を考察してましたね（笑）。

井浦　そうだったんだ！

松下　芸能界や俳優業って、一見とても華やかな世界じゃないですか。でも、実は中で行われてることは、とても職人気質で。

井浦　地味な肉体労働だよね。

松下　精神労働みたいな面もあるし。ただキラキラしていたい、とかだけでは、たどりつけないものがいっぱいあるな、と。そう思うと、モノづくりだととらえる方が、苦しみも楽しみも味わえるのかな、と。

井浦　僕は、時間が足りないな、と思うんだよ。人生1回しかないから。やりたいこと、知りたいこと、会いたい人が多い。憧れていたあの人と同じことはできないけれど、自分も同じ年齢になった時に同じようにきらめいていられるのか。そう考えると、時間がない。

松下　「最愛」の時、僕は今の自分が出せる最大の飛距離のところまでいったと思ったんですよ。清々しさがありました。でも、もちろん100点満点をあげられることではないですし、自分をすごいとは思ってない。もっと高く飛ぶ人がたくさんいることも知っていますし、到着した先にまだまだ道が続いていることがよくわかりました。

井浦　洸平くんの場合は、音楽と俳優。さらに絵を描いたり、陶芸をしたり。みんなの2倍やらないと追いつかないよ。

松下　体力と、飽きがこない限りは続けていきたいですね。ある時、「最愛」の撮影後に続けて音楽の仕事が入っている日があったんです。「俺、まだ仕事するのか」とネガティブに思いかけた時に、現場にいた新さんが、すごく優しい声で「いいじゃん、好きなことなんだから」と言ってくれて。

井浦　そうだったっけ？

松下　「ああ、俺はこれが好きだった」と、はっと気づかせてもらったことがありました。

井浦　今日は久々に演技の話や役者話をした。普段あまりしないからこそ、いいね。おかげで自分の考えを整理することもできた。でも、これ相手によるんだろうな（笑）。お酒をのんでくだを巻いてる人が相手だとゴールのない会話になるから。

松下　あはは（笑）。

井浦　洸平くんは、仕事にやりがいを感じている一方で、そこで生じている苦しさも率直に話してくれた。その感覚は、とても大事だと思うよ。これからも忙しいと思うけど、リズムに乗ると続くんだよね。この道に、わかりやすい正解はないけれど、身体だけは無理しないでね。なんだかもう、お父さんからの助言みたいだけど（笑）。

松下　ありがとうございます!!

井浦　心が壊れちゃったら、やりたくてもできないから。実験的に自分の心を壊しながら演じた役もあったけど、やっぱり自分の身体によくない。

松下　うんうん。

井浦　洸平くんは今後、好きな絵や陶芸などの文化・芸術面にも仕事が広がっていくんじゃないかなと思う。自分をどんどん深めていくことで、また見えてくるものがあるはず。その結果、表現も研ぎ澄まされていく。焦らずにやっていけば絶対に大丈夫だよ。

松下　ありがとうございます。

井浦　好きなことをやっていてね。それだけだよ。

松下　僕は、新さんの持っているとてもカラフルなエネルギーを感じられて、幸せな時間でした。連載をどう進めていこうか考えていましたが、その人からしか聞けない言葉があるんだな、と。新さんに心をほぐしてもらいました。

井浦　それは、よかった！

松下　そして、すごく優しい気持ちになりました。いやー、とがってた頃の新さんに会ってみたいですね。全然、想像がつかないですもん。

井浦　それはやめておいたほうがいい。昔の僕を知る人には「ごめんね」だよ（笑）。

松下　あはは（笑）。今回は素敵な言葉をありがとうございました！

［2022年6月収録］

広くて果てしない大地の色

俳優という仕事について、新さんとこんなにたっぷり話せたのは初めてでした。ドラマの現場でも2人きりになる機会はほとんどなく、休憩所で少し話をするくらいだったので。今回、こうして正面から向き合わせていただいて、自分にとってとても大きな存在であることを改めて感じました。

時間がもっとあれば、ご家族の話も伺いたかったな。一度、一緒にごはんを食べに行った時に、パパとしての顔がうかがえることがあって、それがまた本当に素敵でした。日々、どんな暮らしをされているのか、また機会があれば聞いてみたいです。

これだけかっこよくて、自由で優しくて、心が広くて、かつ旅に出るなど、ご自身の人生を楽しんでいる。さらに、家族も大切にしている。このパーフェクトっぷり！　人として完璧じゃないですか。憧れる。

僕もいつか、そうなりたい。自分に子どもができた時、新さんと同じようにいろんなことを大切にしながら生きていけたらいいなと思いました。

この先、僕が新たな壁にぶつかる、その時には、新さんに相談しよう。そう思える先輩がいることが救いだし、うれしいなと改めて思いました。

そんな新さんのイメージは「大自然」。でも、緑じゃないんです。草原ではなく、広い大地そのもの。グランドキャニオンのようなワイルドな男っぽさがありつつも、とにかく優しい。そんな思いで色を選びました。

これからも、対談だからこそ話せることを大切に、ゲストをお迎えしたいと思います。次回もご期待ください。

いうら・あらた／1974年生まれ、東京都出身。98年「ワンダフルライフ」で映画初主演。以降、映画を中心にドラマ、ナレーションなど幅広く活動

Guest

2

林 遣 都

俳優

朝ドラ「スカーレット」で共演した林遣都くん。今もよく連絡を取り合う仲だけど、改めてじっくり話せたし、ヘリポートでの撮影も思い出深いです。

舞台で得たものは、すべてに生きてくる

松下　今日はありがとう！　来てくれて本当にうれしい。

林　こちらこそ、うれしいです。ありがとうございます。

松下　その髪形、似合ってる！　ずっと言いたかったの！

林　ありがとうございます（笑）。久々に短くしました。

松下　最後に会ったのは、2年前くらい？　ずっと連絡は取っていて、誘い合って互いの舞台を観に行ったこともあります。ただ、コロナ禍で面会ができず、直接顔を見て話せなかったんですよ。

林　そうでしたね。

松下　２０１９年のＮＨＫ連続テレビ小説（朝ドラ）「スカーレット」で共演していた時は、まだコロナがなかったし、よく2人で飲みに行ったよね。

撮影所近くの焼き肉屋さんに行って、ああでもない、こうでもない、と。その時に、けんちゃんが「舞台をやりたいです」と言っていたのを、すごく覚えてます。

林　ずっと、やりたい、やらないとな、と思っていたんです。

松下　やらないと？

林　そう、自分自身が向上するために。僕は初めて舞台をやったのが少し遅くて25歳の頃だったんですが、とても感動しました。演劇界には、すごい人たちがたくさんいて、自分が考える以上にお芝居のことを追求している。自分の意識も上がったし、仕事に対しての向き合い方もきちんとしなければ、と思うきっかけになった。もっと、こういう方たちとお芝居やりたいと考えるようになっていました。

松下　僕は「スカーレット」出演前まで、舞台に立つことのほうが多かったですが、だからといって、アドバイスできることは何もなくて……。

でも、けんちゃんが舞台をやりたいと言っているのがとてもうれしかったんです。その後、本当に舞台ばかりやっていたから「本気なんだな」と思ってました。

林　「スカーレット」でご一緒する前から、洸平さんが舞台をやっていることを知っていたので、いろいろ聞きたいと思っていました。舞台は、映像では知ることができない技術的なものがたくさんある。それを洸平さんからも教えてもらいました。

松下　えー（笑）。なんか言ったっけ？　偉そうなこと言ってたら、本当にごめんなさい（笑）。

林　今でも頭に残っている言葉があります。

松下　ちょっとやめて、恥ずかしいので（笑）。

林　じゃあ、具体的には言わない（笑）。ただ、もっとお客さんに自分の言葉を聞いてもらうためには、いろんなやり方があることを教えてもらいました。自分は気持ちさえあればと思ってきたけれど、舞台はいろいろな技術がないと通用しない。センスや気持ちだけでは到底足りないんです。

松下　僕も、舞台でしか得られない感動や学びはあると思っていて。映像との違いは、例えば「時間」かなぁ。1冊の台本を1カ月かけて何回もやれる楽しさと難しさは舞台ならではだと思っています。

あと、舞台をたくさん経験されている方は、独特な言葉の力を持っている方が多い気がしていて。そんな先輩方に答えはひとつじゃないということを、教わりました。

洸平さんの作品からは全体の一体感が伝わってくる（林）

林　そして、舞台で得たものは、すべてに生きてくる。

松下　映像の現場でも生かしたいと思うよね。映像は、すごいスピードで進んでいく。台本を次々にいただくし、昨日覚えたものを今日もう話さないといけないこともある。

林　舞台では、ひとつのセリフについて長い時間をかけて、演出家さんだけではなくて、みんなで話し合う。

松下　わかる、わくわくするよね。

林　映像の監督でも、ひとことひとことについて、じっくり一緒に考えたいという方に出会うとうれしいです。

松下　話し合ったからといって、１００点出せることはあまりないけれど、話し合って気持ちをつくっていくことが楽しい。モノをつくっているという感覚になれることが、とても幸せで豊かな時間になっていく。そういう意味でコミュニケーションは本当に大事だと思います。

林　洸平さんの最近の作品は、そういうことが全体の空気感につながっているように思いますよ。一体感が伝わってくる。

松下　本当？　ただ、難しいですよね。「みんな一緒にやろうぜ」と、自分が先頭で舵取りすればいいというわけではないし。

林　そういうことを求めてない人もいますよね。僕は、ひとつトラウマがある（笑）。以前、主演の作品で気合が入っていた時に、自分が無理をしていろいろやって少し煙たがられたことがあります。ただ、難しいですよね。
先頭で舵取りすればいい
わけではないし（松下）

コミュニケーションが本当に大事だとは思ってます。

松下　何か作品などをやっている期間は、自分の時間は何割くらい？

林　えー、どうだろう……。30代になり時間の使い方も変わってきて、今はオフになる時間が増えたけれど、それまでは、ずっと考えてましたね。家に帰ってからも頭から離れなくて。

松下　俳優の仕事は楽しいから続けている？　それとも結果を出したいから？

林　一番は楽しいからですね。僕は普段の自分にとにかく自信がなくて、悩むことが多い。でもお芝居をしていると、そんな自分が解放される。その楽しさがありますね。観る人に喜んでもらえることも幸せです。

共演者同士の絆も深くて、奇跡みたいな瞬間がいっぱいあった

松下　僕とけんちゃんが初めて会ったのは、13年。フジテレビ系ドラマ「カラマーゾフの兄弟」での共演でした。約10年前だね。今31歳？　僕は21歳のけんちゃんを知っているわけだけど……。印象的だったのは、まぁーしゃべらない（笑）。

林　ははは（笑）。そうですね。

松下　息してる？と思うほどでした（笑）。全体をまとうオーラは今と変わらないんですけど、あの現場の緊張感もあってか、本当に静かでした。ただ、心の中が今にも爆発しそうなくらいに燃えているのは伝わってきた。

林　当時は、そんな感じでした。「悩める時期」で、大して努力もしていないのに「なにくそ」と思っていました（笑）。あの時、初めてご一緒して、俳優「松下洸平」を思い知らされたという記憶があります。

松下　全然テレビに出てなかったしね。

林　「カラマーゾフの兄弟」で、僕は三兄弟の三男。吉田鋼太郎さん演じるお父さんが殺され、三兄弟みんなに動機があった。最終的に、腹違いの兄弟の四男が犯人だった、という物語。誰が四男をやるんだろうか、と気になっていたら「松下洸平」さんだと。重要な役だし、きっと監督やプロデューサーさんが期待をもって抜擢した人なんだろうな、どんな方なんだろうと思っていました。

松下　ははは（笑）。

林　最終話の台本を読んで「これは全部もっていかれるな」と思ったことを覚えてます。ものすごいセリフの分量なんですよ。吉田さんとのすさまじい掛け合いのシーンがあって。

松下　そうだった。

林　その役を、自分にとって、得体の知れない俳優である洸平さんがやる。これは実力のある人なのは間違いない、と。だから、僕は最終話の放送を観てないんですよ。

松下　そうだ、そう言ってたね。

林　間違いなく素晴らしかっただろうし。もう本当に悔しくて。

松下　それが当時、目を合わせてくれなかった理由か（笑）。あの時の僕は経験もなくて、自分には何ができるだろうとずっと考えていたような気がする。今観たら、できてないところがたくさんあると思うけど……。

林　いやいやいやいや。それから「スカーレット」まで共演はないですよね。

松下　ないですね。僕は、当時の目を合わせてくれない記憶しかないから、「スカーレット」で会う前は、とても緊張したよ（笑）。でも、よく笑ってくれるし、オープンだし、あれ？　こんな人だったたっけ?と（笑）。

林　話してみたい、また一緒に仕事がしたいと思っていたので。「八郎」という軸になる重要な役を誰がやるんだろう、と思っていたら、松下洸平さんと聞いて「ああ！　楽しみ!!」と。撮影中にすごく距離が縮まって、ずっと昔から知っているような感覚になっちゃってますが、久しぶりの再会でしたね。

松下　ドラマの中で、八郎とけんちゃん演じる信作が仲良しになっていくから、僕自身も林遣都との距離を縮めたかった。信作というキャラクターが、もうたまんなくて。林遣都ってやっぱりすごいな、と思ったよ。

林　いやいや、必死ですよ。

松下　勢いすごかったんですよ。別にそんなはっちゃけた役ではなかったけれど、現場を引っ張ってくれた。けんちゃんの信作に、何度救われたことか！

林　役割を意識していましたね。話が重くなって、苦しいシーンもある中で、どう盛り上げていこうかと考えていました。

松下　実は今も時々、「スカーレット」が観たくなる時があるんです。それは、自分の芝居がうまくいかなかった時や、思ったような結果が出なかった時。「スカーレット」は、普通ではできない空気感が出ていた。

林　絶対にそうですね。

松下　毎日撮影していて、共演者同士の絆も深くて、奇跡みたいな瞬間がいっぱいあったんですよね。それを家で観て「ああ、これこれ、これがやりたい」と。

林　生活であり、会話であり、でしたね。

松下　まさにそれ。セリフを話している感覚がなかった。朝ドラが終わって、だんだん標準語で話す時間が長くなって、役が抜けていくのがすごく寂しかった。

林　関西弁も憑依してましたもんね（笑）。

松下　（笑）。「スカーレット」で印象的だったのは、寄せ書きするシーン。みんなにこやかな表情をしている中、けんちゃんだけ、表情が「無」なの（笑）。

林　あはは（笑）。何か間違ってたんじゃないです

かね？

松下　でも「無」なのにうれしそうなの。いろいろあったけど、喜びに浸っているようなしみじみとしたお顔をなさっておりました（笑）。こんなお芝居できるのすごいな、と思ったよ。

林　洸平さん、モニター見て笑ってましたよね。「どういう気持ちなん？　どういう表情なん？」と言われました（笑）。

松下　また別の日、撮影が午前4時ごろにようやく終わって帰ろうとしたら、けんちゃんが「飲みに行きませんか？」と。「おいおい（笑）」と思ったけど、行ったよね。24時間やっている居酒屋で、1杯だけ飲んだ。

林　何か思うことがあったんですよ（笑）。ただ、普段の僕はそういうことを言わない。仕事のことから他愛ない愚痴まで何でも話せて、根底に尊敬がある洸平さんだからです。そんな人、他にいないです。

松下　うれしい。そんな風に言ってくれて、本当にうれしいわ。

もちろん台本にない動きで。あれ、なんなん？（笑）

松下　けんちゃんの作品を観させてもらうたびに思うのは、絶対的に林遣都にしかできないなということ。僕はそれがうらやましい。真似しようと思ってもできない。

俳優にとって大事なのは、その人にしかできないものがあるということなんだな、と感じる。自分も、そこを探したいと思えるきっかけをもらっています。

林　ありがとうございます。

松下　映画「風が強く吹いている」（09年）で箱根駅伝を目指す駅伝部員役のけんちゃんは、本当にやばかった。

ちょうどTBS系ドラマ「最愛」（21年）で駅伝部員役をやることになって、役作りの参考になるも

のを探していた時に観させてもらった。

林　へー、そうだったんですか。

松下　あれは、どのくらい練習したの？

林　あの映画は、準備も撮影もぜいたくに時間を取っていただいていました。出演が決まったのはクランクインの約1年前です。

　当時、地元・滋賀県の高校に通っていたので、放課後に立命館大学に通って、陸上部の方々と一緒に練習してました。夏休みの時期に夏の部分を撮影して、冬にまた撮影をして、というスケジュールだったので、1年間ほぼ毎日走ってました。

松下　走るフォームもすごく参考にさせてもらったんですよ。身体つきも、まさに現役陸上選手そのものに仕上げていたよね。

林　その前にボクシングをする映画を撮っていて、体力はそれほどなかったけれど、身体は絞れていたんです。

松下　なるほど！

林　「最愛」の洸平さんこそ、短期間でさすがだなと思いました。

松下　僕は、青山学院大学陸上競技部と何回か練習させてもらった。でも、それ以外は自分でやるしかないから、けんちゃんの作品を観たりしながら、役のためにずっと走ってた。

林　ときどき、役作りで悩むことがあるんです。深く考えすぎて、違う方向に行っちゃってるのかな、と。でも、自分なりに役と向き合って、とことん考えて出た答えだから、ブレたくないし、曲げたくなくて。

松下　2カ月、3カ月と演じているうちに、役を一番理解しているのは誰でもない自分だ、と思うようになったりするんですよね。だから、話が進んでいくにつれて、演じている役が時々足を踏み外したり、間違ったことをしたりすると、すごく嫌なの。あと、その役にとって大切な人がいたら、傷つけたくない。

林　わかります。役を守ろうとするんですよね。それは現場でたくさん目撃するし、危険だな、と思っています。

松下　監督の指示に対して「この役はそんなことしない。こんなこと言えない」と思ってしまうこともある。僕はそのたびにいろんな人と正直に話すようにしている。

林　それは、いいですね。人ってちょっとしたことで考え方も性格も変わる。今まで書かれていることとズレてるな、と思ってもいかに頭を柔らかくしていくか、が大事だなと思っています。

松下　本来、人は間違えるし、誰かを傷つけたりする。なのに、母親に対してひどいことを言うセリフがあったら、言いたくない。

でも完璧な人なんていないし、俯瞰で見ている制作サイドの人と話すと、そのことにはたと気づかされて、ああ役を守っていたな、と思って、頭を切り替えることができる。

林　僕は、監督のやりたいことと自分のやりたいことが違うかもという時、とりあえず1回見てほしいので、最初の「段取り」でやってみることがあります（笑）。

松下　それ「スカーレット」の時にもあったね！

信作が結婚することになり、喜美子と八郎に報告に行くシーン。突然、目の前にあったおひつをパカッと開けて、顔を突っ込んで「長かったー」と叫んで、またフタを閉めた。もちろん台本にない動きで。あれ、なんなん？（笑）

林　ははは（笑）。

松下　なんで、そんなことを思いつくんやろう。そのチョイスをする林遣都の面白さ！（笑）

林　この流れだと、ただ僕はめんどくさい俳優なんで、自分でフォローするために言いますが（笑）、僕は、演じる前に監督やスタッフさんに自分の考えてきたことを話すことが苦手で。とくに原作がなく、ゼロから作っていくような時に、事前に確認してからやるのが恥ずかしいんです。

松下　恥ずかしい？

林　現場の監督やスタッフさんを最初のお客さんとしてやりたいという気持ちがあるというか。それと、思いついたことをやらないと、家に帰ってから死ぬほど後悔するということもあるので。

でも、いつも現場でいきなりやるから、時に「なんだこいつ?」となってしまうので、そこは見極めながらですが（笑）。

松下　でも、それを思い切りできるのは、さすがだし、うらやましいよ。

林　その後必要なのは、会話だな、と。最近ようやく、僕は、コミュニケーションが足りないということに気づいたんです。10代の頃からずっと、「とりあえずやってやる」というスタンスで来ているので、そこはもう少し成長しないとな、と思っています（笑）。

自分を信じて力をつけ続ければ絶対に人から求められる

松下　この仕事をしていなかったとしたら、どんな仕事がしたかった?

林　本当に、なーんにも考えてなかったですね。野球をやっていたけど、エリート選手だった兄ちゃんに対して、自分はそこまではなかったですし。勉強もそれほどでもない。

松下　野球以外には何かやってた?

林　中3の夏に野球をやめてから、同級生の中でもイケイケの子と仲良くなって。それまでは地味だったけど、急に整髪料つけたり、制服を着崩してみたり（笑）。その友人が、文化祭に向けてバンドをやらないかと誘ってくれて、音楽を始めました。僕はボーカルで、ギターも少し。そのメンバーと高校も同じで、一緒に軽音部に入ろうとしたけど、夏に映画「バッテリー」が決まって行けなくなってしまった。

松下　じゃあ、その映画がなかったらミュージシャンに?

林　いえ（笑）。でもいまだに、一番いいなと思う仕事はミュージシャンです。そんな簡単な仕事ではないだろうけど、楽しいだろうなと憧れます。洸平さんは俳優に加えて、音楽という表現がある。とてもうらやましいです。

松下　やったらいいのに！

林　いやいや（笑）。洸平さんは音楽と俳優業、どのくらいのバランスなんですか？

松下　昨年、２回目のメジャーデビューをさせていただいたばかりで。「歌もやる人なのね」と少しずつ知ってもらっているところ。歌うことも音楽をつくることも好きだから、どちらも中途半端にはしたくない。いいバランスでやり続けられたらいいな、と思ってやってるよ。

林　洸平さんには、役者とか関係なく、本当の意味で歌の道を切りひらいてほしいです。

松下　いい音楽つくって、いいライブして、たくさんの人に聴いてもらいたいとは思っていて。これまでもひっそりとやってはいたんですけど、今は発

カラオケに行った時、
洸平さんの歌声に
聴き惚れました（林）

「100点出せますか？」と（笑）
出ない、出ない（笑）（松下）

表できる場があるのがとにかくありがたいし、うれしいです。

林　一緒にカラオケに行った時、洸平さんの歌声に聴き惚れました。

松下　カラオケ行ったね。「洸平さん、100点出せますか？　出たところ見たいです」と（笑）。出ない、出ない（笑）。

林　洸平さんは全てにおいて職人気質。「俳優さんがやっている音楽」ではないところがすごい。

松下　いやいや。ただ、中途半端なままフェードアウトしていくのは嫌だしね。

林　今、とても忙しいですよね。しんどいと思うことはないですか？

松下　それがあまりなくて（笑）。

林　さすがですね。

松下　何かつくることが楽しいから。芝居しながら、歌詞を書いて、夜はレコーディングして、なんて日もあるけど、ああ幸せだな、と。

林　ありきたりな質問ですが、やりたい役はありますか？

松下　うん、すごーく嫌な役。

林　僕も見たいです。

松下　全国民から嫌われるような役がいいな。自分には理解できないような、人間の嫌なところが詰まったような役をやってみたい。

　これまで、愛にあふれる役をたくさんやらせていただいて。役から学ばせてもらうことがたくさんあって、自分はこんなにかっこよくできないよ、と思うこともあった。今度はその逆をいってみたいな、と。

林　できそう、普通に。

松下　やってみたい役はある？

林　えーっと。

松下　僕個人的には、かっこいい役をやってほしい。

林　今、一瞬それ考えてました。ちゃんとかっこいい役（笑）。いつも崩れちゃうので。

松下　おひつに顔つっこんだりしないような？（笑）

　かっこよくて優しくて、お金持ちで、両親に何不自由なく育てられているような。暗い過去も、大どんでん返しもいらない（笑）。恋愛が苦手だったけど、王子様として幸せに暮らしました、という。

林　そして、男らしい。王子様というとクセが出てしまいそうだから（笑）。

松下　ははは（笑）。

林　仕事と離れる時間はありますか？

松下　あるある。ジムでは何も考えていないことが多いかなー。

林　ポテンシャルすごいですよね、なんでもできるし、全部中途半端じゃないですし。

松下　いやいや。そうだ、最近、ついに料理に飽きた（笑）。台所に立つのが億劫になってしまって。

林　いいですよ。料理までできちゃうと完璧だから（笑）。洸平さんのように、一段一段と力をつけ続けていく人は本当にすごいなと思っています。この仕事では、巡り合わせも大事なことだけれど、いろんなことに対応できる力を、自分を信じて身につけ続けている人は、絶対に人から求められる。

松下　そんな風に言ってもらえてうれしいです。

林　（拳を突き上げて）「いけー、洸平さん！」という感じです。

松下　ありがとう！　10年前に出会って、つながり続けてこられたことがうれしい。一緒に、何かやりたいよね。２人芝居とかやりたいな。

林　最高ですね。

松下　友人との関係に、リスペクトとうらやましいという感情があると、長く続くような気がしていて。けんちゃんはライバルでもあり、いいな、すごいなと常に思ってます。エネルギーの塊で、熱い。そこが好き。そのエネルギーをこれからもたくさん受けて刺激をもらいたいです。

［2022年7月収録］

深い海の底のような色

今日も林遣都くんから、独特の憂いと、物静かで優しいオーラが漂っていました。そして、すごく濃くて熱い芯があることも改めて感じました。

水面は穏やかだけど、一番奥には深海のような濃さがある。そんなイメージで色を選びました。

出会って、ちょうど10年がたちました。

2年前の朝ドラ撮影中に2人でたくさん話していく中で、彼がたくさんの壁を乗り越えてきたことを知りました。

僕にとってこの10年は、模索を続けて自分自身というものに向き合ってきた時間だったけれど、けんちゃんも同じだったんだと。

芝居に対しての思いや自身のことをたくさん話してくれて、うれしかったな。

けんちゃんは、すごく深いところまで物事をとらえる性格で、探究心もあって、その時々によって変化することを恐れない人なんだと感じました。

自分自身がもっとこうなりたいということが尽きることなく、常にあふれている気がしました。

一方で、目の前で話していると、少年のような無邪気さもあるから、そこがまた魅力ですよね。

これから彼の探究心は、もっともっと深いところにいくんだろうと思います。

それを芝居として僕は見続けることができる。とても幸せなことだと思います。

はやし・けんと／1990年生まれ、滋賀県出身。2007年、映画「バッテリー」で主演デビューし、日本アカデミー賞新人俳優賞などを受賞。以降、ドラマ、舞台など幅広く活動

Guest

3

マギー

俳優・脚本家

僕が「真ん中をやりたい」と強く想うようになったのは、朝ドラの後です。その想いを受け止めてくれたマギーさんと、改めて「これから」のことをお話しできました。

この仕事が好きだ、大好きだなと思った

松下　よろしくお願いします！　対談のゲストは、お一人目が俳優の井浦新さん、お二人目が林遣都くんでした。

マギー　おお、俺の息子！　NHK連続テレビ小説（朝ドラ）「スカーレット」で遣都くんの父親役をやったからね。

松下　家族でご出演いただき、本当にうれしいです！　ありがとうございます。

マギー　うれしいねぇ。

松下　実は、マギーさんとは「スカーレット」でお会いする前に、映画「燃えよ剣」で共演しているんです。

ただ、一緒のシーンがなかったので、当時はご挨拶ができませんでした。

マギー　そうだった、すれ違ってるんだよね。

松下　「スカーレット」の撮影中に、ヒロインの父親役の北村一輝さんが声をかけてくださって、マギーさん、遣都くんの4人で飲みに行った時に初めてお話しさせていただきました。マギーさん行きつけのおでん屋さんでしたね。

マギー　そうそう。山椒のハイボールをずっと飲んでたな（笑）。あれ、美味いやろ？

松下　はい、とても美味しかったです。

当時マギーさんは、僕のことを「誰やねん」と思っていたはずなのに、すごくいろんな話をしてくださったのを覚えています。

マギー　「松下洸平」という字面は、もちろん知っていたよ。舞台のチラシでよく見る、どうやら若くて結構本格的な役者がいるらしい、と。ただ、まだ顔と一致していなかった。

「スカーレット」で、僕は洸平くんが演じた八郎の義父となる北村さんの親友役だった。あの日、北村さんから「今日、ハチも連れて行くわ」と聞いて、なんとなく近所のおっちゃんが品定めするような雰囲気になったよね。

松下　めちゃくちゃ緊張しましたもん（笑）。

あの日は、お義父さんに初めて飲みに連れて行ってもらった日なんです。それまで、すごく嫌われてたんで（笑）。

マギー　ははは（笑）。役の上でね。

松下　芝居の中で「ハチ、なんやお前、喜美子（ヒロイン）のことが好きなんか。近寄ってくるな」という感じなんですが、前室でも「なんでおんねん、どっか行け」「すいません」みたいな感じで（笑）。そんな中で、飲みに誘ってもらったので本当にうれしくて、泣きそうになりました（笑）。

マギー　朝ドラのいいところだね。「朝ドラマジック」じゃないけれど、特に役作りどうのこうのじゃなくて、新幹線に乗って、大阪のNHKに入って、先に支度している人の顔見たら、もうその役になれる、というか。

松下　不思議な体験でした。

マギー　あの飲み屋での帰り際に聞いてびっくりしたのは、洸平くんが関西人ではなかったこと。出身はどこなん?と言ったら「東京」だと。

ええ!?　関西弁めっちゃうまいやん!!と驚いた。耳がいいよねぇ。

松下　いえいえ、皆さんに影響されただけです。

マギー　洸平くんに対する予備知識が少なかった分、今でも僕の中では「ハチ」なんだよね。

松下　朝ドラが終わり、フジテレビ系ドラマ「知っ

「スカーレット」後、自分の芝居に納得できず悩んでいました（松下）

てるワイフ」で再会した時、僕は銀行員の役だったのでビシッとスーツを着て座っていたら、マギーさんが「ハチ、何をかっこつけてんねん」。いや僕、こういう役なんです、と（笑）。

マギー　そうだった（笑）。これからも、近所のおじさんと親友の息子という関係はずっと変わらないと思うな。

松下　そうですね。コロナ禍で中止になる舞台や撮影も多くありました。この間、どんな想いで芝居に向き合ってこられましたか？

マギー　緊急事態宣言が出て、本当にずっと家にいた期間を経て、いよいよ撮影が始まった時に、ああ、俺はやっぱりここが本当に好きなんだなと思ったんだよね。

あの日、僕は初心に戻った。この仕事が好きだ、大好きだなと思った。

松下　僕も現場に立っている間ずっと「ありがとう」という思いでいっぱいでした。ひとつの公演、ひとつの現場の価値を改めて噛みしめていました。

コロナ禍が終わり、いつの日にか、昔こんなことがあってね、と伝えたいけれど、うまく伝わるんでしょうか。説明がつかないものと闘っているような気がしています。

マギー　なんせ俺は早いとこ笑いも交えた昔話みたいにして語れる世の中になってほしいって思ってる。「知ってるワイフ」の撮影中、フェイスシールドをカットがかかるたびに「フェイス！」と言いながら着けたこととか（笑）。

松下　ありましたね。銀行の机の一番下の大きな引

近所のおじさんと親友の息子という関係はずっと変わらない（マギー）

き出しにフェイスガードが入っていました。外し忘れて本番を迎えたトップバッターが、確かマギーさんでした（笑）。

ご飯もそのまま食べてましたよね？　お箸がフェイスガードにコツンと当たって、おかずがぽとんと落ちて（笑）。

マギー　そうそう（笑）。毎日、鼻をぐりっとする検査をしてから劇場に入っていたんだよ、とか。今は日々、感染対策として当然のようにやっていることも、「マジすかぁ？」「やってたんだよぉ」って笑いながら下の世代に話せるようになったらいいよね。

ただのいいヤツじゃないじゃん、というのがあった（笑）

松下　マギーさんと共演した「スカーレット」を終えた後、慣れないテレビの世界で自分の芝居に納得ができないこともしばしばあり、うまくやっていくには、どうすればいいのだろうかと悩んでいました。

そんなとき、フジテレビ系ドラマ「知ってるワイフ」でマギーさんに再会して、相談させていただいたことがあります。

マギー　うん。そうだった。

松下　ロケの待ち時間に、マギーさんはご自身の車の中にいらっしゃったので、窓をコンコンと。「おう、ハチ。どうした？」と言ってくださって、許可も得ていないのに、勝手に後部座席に座らせてもらいました（笑）。

マギー　よく覚えてるよ。

洸平くんは「僕、真ん中やりたいんです」と言ったんだ。意外だった。

「真ん中」というのは、いわゆる主役のことで。それをテレビに出たてで勢いのある人が言うならわかるけど、ハチには演劇というバックボーンがあって、十分にキャリアも実力もある。そこで真ん中もやってきている。世の中に周知されたタイミングが、たまたま「スカーレット」だっただけで、慌てて主役にこだわる必要はないと思っていたからね。

松下　あの時、悩みに悩んでいました。

マギー　意外だったけど、とてもうれしかったよ。

役者という仕事は絶対的にチームプレーなんだ。主役だけが目立てるわけじゃないということを、十分わかった上でそう言ってるわけだから。ただ売れたい、目立ちたいということではなく、そこを背負いたいんだな、と。

松下　ずっと舞台をやりながら、テレビに出たい、朝ドラに出たいという漠然とした想いはあったんですけど、いざそのフィールドに立ってみると、そこで看板を背負って闘っている主演の人たちがかっこよくて。新たな目標や欲が、ふつふつとわいてきました。

演劇界のこと、テレビのこと、なんでもよくご存じのマギーさんなら、王直に今の想いを話せるし、相談したいと思いました。

マギー　ありがたい。ハチの中で僕は、以前から知ってくれていた近所のおじさんなんだろうな（笑）。

松下　ははは（笑）。

マギー　たぶん、世間の松下洸平のイメージって、それこそ「スカーレット」のままっていうか、すごく純朴な青年だと思うんだけど、一方で、僕は最初から、ハチの中にあるちょっとギラッとしたものだったり、卑屈とまではいかないけれど、ちょっとウエットな部分がこの子にはあるな、と感じていて。僕はそこがとても好き。誤解を恐れずに言うと、ただのいいヤツじゃないじゃん、というのがあった（笑）。

松下　あはは（笑）。

マギー　「スカーレット」からもう2年以上が経つね。で、今の気分はどう？　あれから快進撃を続け、何本も真ん中をやっているけれど。

松下　まだまだだなと思っています。なりたかった自分、思い描いていた自分に少しずつではあるけれど近づけているはずだし、夢がかなっていくのは、とてもうれしいです。

その一方で、上には上がいて、道は永遠に続いていることも知りました。あれ、あの先にまだ村があるぞ、と（笑）。この先にもっと違う世界が広がっていると思うと、終わりがないなと思います。

マギー　それはね、そういう性格だからだね。僕もそうなんだけど、どれほど進んでも「ここまで来たな」とは、今後もたぶん思わない。

松下　そんな気がします。終わりのない世界の中で、自分に100点出せる日はきっとこないんだろうな。

その都度その都度、かっこいい先輩方や面白い共演者の皆さんと出会うことで、たくさんの刺激をもらいながら、「いいな、いいな」と思い続ける人生なんだろうな、と思えるようになりました。

マギーさんも、そういう精神ありますか？

マギー　ある、ずっとある。今もある。僕の場合は30代の頃は「なれない自分」にすら憧れていたところがある。

松下　「なれない自分」ですか。

マギー　ただ、50歳になってからは「なれない自分」はさすがにやめて、「なれるかもしれない自分」を目指し始めた。

松下　例えば、具体的にはどういう理想像があったんですか。

マギー　「武道館でライブをやる」とか（笑）。とにかく自分発信で、自分のやりたいことに多くの人が歓声をあげてくれたり、評価してくれる状況を欲していた。

それってある種の量を求めてたけど、40代になって、求めるものが自分の尺度での質に変わってきた。

松下　質に重きを置くように変わったきっかけは何かあったのですか？

どこまでいっても満足しない。
俺とハチは同じタイプ（マギー）

脚本家マギーの中に
俳優マギーが
同居しているんですね（松下）

マギー　学生時代に結成したお笑い集団「ジョビジョバ」を40代になって再結成したことが大きいかもしれない。自分たちが面白いって自信の持てるものをやり続けたい、という新しい夢ができた。

松下　そうなんですね。つまり、新たな目標ということですね。

マギー　そう。どこまでいっても満足しないということにおいては、俺とハチは同じタイプじゃないかな。

誰にも邪魔されない、自分のテリトリーを持っている人は強い

松下　マギーさんは、俳優でありながら本も書かれて、演出もされる。僕は昨年、TBS系ドラマ「#家族募集します」を観て、大泣きしました。すごいドラマだ、と思ったらエンドロールに「脚本・マギー」と！　すぐにLINEしました。

マギー　連絡くれたね、めちゃくちゃうれしかった。

松下　魅力的な脚本を書かれるマギーさんの頭の中はどうなっているのか、俄然気になりました。

マギー　連ドラの脚本を書いたり、自分が出ない舞台の演出をしたりするのは、俳優とは違うレンジ。頭を切り替えながらやっている。

松下　最終話まで毎話毎話、いつも泣けてくるんです。出てくる人たちが、みんな愛らしくて。書くときに何か意識されていることはありますか?

マギー　僕は、どういうわけか、ハートウォーミン

グ系を書くことが多い。好きなのは、画面に出ている人はみんな笑っているんだけど、視聴者は泣いているもの。その逆もいい。そういうものを書きたい。

松下 「#家族募集します」はまさにそうでしたね。

マギー うん。ドラマ界の今、ここにきてストレートなものをみんな観たいんじゃないかなと思った。ドラマの脚本については世間にド直球を投げたいと思っている。

松下 まさに、そのド直球に胸を打たれました。

マギー 僕は真ん中をやるタイプの役者じゃないから、隅々の役者にちゃんと血が通っている台本にすることも意識している。ひとことだけの人のセリフでも愛情をもって書きたい。役者へのラブレターだね。

松下 ああ、すごいな。

マギー スタッフに対しては、やれるよな、これうまく撮れよ、という挑戦状でもある。

松下 それは俳優をやられているからこその想いですね。今回のようなド直球のアットホームなドラマの脚本は、10年前にも書けましたか？

マギー 書けたとは思うけど、たぶん「ストレート風」だっただろうね。自分の中にないものには書けないのよ。10年前の僕にはすでに子どももいたし、自分自身は大きくは変わっていない。ただ感情と経験の蓄積は全然違うから、ズバッとこない緩いストレートだっただろう（笑）。

松下 初めて書かれたシナリオやコントの台本はまだありますか？

マギー モノとしてはないけど、頭の中ではちゃんと覚えているよ。

松下 僕は初めて曲を書いたのは19、20歳くらいです。まあ、見れたものじゃないです（笑）。

マギー ははは（笑）。

松下 誰が聞くねん、と。自分のことばっかりで、他人の入る隙が一切ない。こういうものが書ける勇気はすごいな、と思う部分だけはあるんですけど、やはり、聴き手のことを考えるようになって、表現がマイルドになったような気がします。

マギー　以前、洸平くんから悩み相談を受けた時、僕は「音楽があるやん」とアドバイスをした。

　仕事では、思い描いていた通りにいかないことは絶対に起きるし、悩む。その時に、誰にも邪魔されない、自分のテリトリーを持っている人は強い。洸平くんは音楽をそういうものとして持っていれば、テレビの世界でどんどん冒険できるという意味でのアドバイスだった。

松下　ありがとうございます。マギーさんにとっては、本を書くことが、その役割なんでしょうか。

マギー　ジョビジョバがそうだね。ドラマの脚本や演出に関しては、むしろ自分にないものも取り込んで、自分の世界を広げるという冒険の作業かな。

松下　音楽をやるようになって、俳優としての僕は好きだけど音楽は興味ないという声も聞きます。

　でも、自分のルーツやポリシーを大切にしつつ、たくさんの方に聞いていただけるように表現の幅を広げていきたいと考えています。

マギー　洸平くんは、音楽を自分の大切なテリトリーとしておくのもいいし、歌でよりポピュラリティーに挑むのも面白いと思う。役者と二足のわらじでいくのがいいと思うよ。

松下　ありがとうございます。俳優と脚本家のどちらかに絞ろうとは思わなかったんですか？

マギー　絞れと言われたら、即決で演者を選ぶね。

松下　へー！　それはどうしてですか？

マギー　小学生の時にテレビの中の人たちに憧れて、今まさにそこにいても、憧れの想いは消えないんだ。脚本書くのも演出するのも、やりがいや達成感も大きくて楽しいけど、出ているほうが断然、好き。

松下　そうなんですね。

マギー　でも例えば、イケメンで背の高い洸平くんが、僕の書いた芝居をしてくれたら、僕にはできないキャラができる。30代の頃はそれさえ自分でやりたいと思っていたけれど、自分以外の身体を借りたら、自分にはできないことも表現できるなって思うようになった。

松下　脚本家マギーの中に、俳優マギーが同居しているんですね。

マギー　そうだね。演出している時は、自分がその役者と同化してくる。

だから「ヨシ！　休憩！」となってトイレに入ってびっくりするんだよね。鏡にただの髪の短いおじさんが映ってて（笑）。

松下　（笑）。

10年も20年も、その人の頭に残るものを作れたらいいな

松下　脚本家のマギーさんの視点で、今の僕をキャスティングしてくださるとしたら、どんな役ですか？

Guest **3**

マギー

マギー　（しばらく、じっと考えて）悪い奴だな。この人の好青年ぽい顔の裏には、すごく冷たいものがあるんじゃないかというのを表現してもらいたい。悪役ではなく、ダークヒーローとして。

松下　自分としても、いつか悪い役をやってみたいと思っていました！「前に進むために壊す」です。これは、マギーさんと共演した朝ドラ「スカーレット」にあった、すごく好きなセリフでもあるんですが。

マギー　そうだね。ぼちぼち期待を裏切ってほしい。

ここ1、2年のハチは、とても大事な時期だった。全打席でクリーンヒット、できればホームランを打たなければならないような状況を背負っていた。そんな中できちんと結果を出してきたから、そろそろ

ふざけて左打席に入ってみてもいい（笑）。大振りして、ボールは飛ばなかったけど、バットはスタンドに入った、とかさ（笑）。そんな作品に出合ってほしい気がするよね。

松下　それをマギーさんに書いてもらいたいです。

マギー　いいね。これからも、ハチはずっと悩んでいるんだろうけど、いい意味でただの好青年ではないから、俺は安心している。

松下　あはは（笑）。「ここが大事だ」という直感をこれからも大切にしたいなと思っています。

マギー　それは「スカーレット」でいうと、生活費のために絵を売って、卵を買ったことをイッセー尾形さん演じるフカ先生に告白したシーンかな？

松下　あの場面はまさに「ここだ！」と思いました。

マギー　あの撮影に向かって、どう自分を追い込んだの？

松下　台本がとても丁寧に書かれていたので、何度も読んで、こう演じられたらいいな、と想像していました。今思うと、それを僕一人でやっても仕方ないんですけど。

マギー　うん、危険だね。独りよがりになってしまうかもしれないしね。

松下　はい。あれはクランクインしてから3日目くらいの撮影で、今考えるとすごく怖いことをしていたなと思います。経験値がないからこそ、できたことだと思います。

マギー　理想を固く強くもって、そこにはめていったんだ。この裏話は貴重だね！（笑）。あれは奇跡のようなシーンだったなあ。ハチの中でも「スカーレット」前後というより、あのシーンの前後で周囲の反応が変わったと感じているのでは？

松下　そうかもしれません。

マギー　僕も「なかなかやるやん」と思ったし、視聴者も「あら、いい子じゃないの！」と感じたはずだよ。

松下　あのシーン以降、ツイッター（X）や僕のインスタなどSNSでの反響が増えました。関心を持ってもらうきっかけになったことは、うれしかったです。

マギー　観ていても演じていても感じることだけど、3時間超の舞台をやろうが、朝ドラを長い期間やろうが、お客さんや視聴者が10年先も覚えていることって、その長い期間・時間の中の一瞬だと思うんだよ。『スカーレット』が大好き！」という人がいても、覚えている場面は人それぞれ。一瞬でも、ひとことでもいい。10年も20年も、その人の頭に残るものを作れたらいいなと思っている。

松下　本当におっしゃる通りですね。

　僕が「スカーレット」で心に残っているのは、終盤でおじいちゃんになったマギーさんとコーヒーを飲みながら話すシーンです。台本に「ハチさん、名古屋帰ってきたらええのに。ちゃうわ、信楽や」と書いてあって、その通りにマギーさんが言うのが、あまりに自然で笑ってしまいました（笑）。

マギー　俺が間違えたみたいになってた（笑）。わかる、わかる。そういうのを残していきたいよね。あれは、ハチと一緒に撮った最後のシーンで、僕も大好きな瞬間だ。

松下　他のドラマの現場でも、ふと思うんです。あの時のマギーさんとの空気を出したいな、ああいうのやりたいな、と。ぜひ、またご一緒させてください。

マギー　そうだね。舞台もいいし、俺の書いたドラマにも出てもらいたいし、演出もしたい。もっと気楽な立場で共演して、「今日のロケ弁うまいな」と言い合うのも楽しいだろうし。ただ、何をやってもハチとは、近所のおじさんと親友の息子という関係性は変わらないんだろうな。

松下　そこは一生変わらないでしょうね（笑）。

［2022年8月収録］

守ってくれる大きな木のような色

マギーさんは「スカーレット」でご一緒して以来、僕の良い面も苦しんだことも、そして恥ずかしい面も、すべてを見てきてくださった方です。対談のゲストとしてお越しいただき、たっぷりお話しすることができて、本当によかったです。

マギーさんと話していると、いつも人生相談のようになってしまうのですが、今回もそうでしたね。いろいろと話が尽きず、それでもまだ話し足りないくらいでした（笑）。

「スカーレット」のまま、今も「ハチ」と呼んでくださることがとてもうれしいです。マギーさんと話していると、いつのまにか関西弁に戻ってしまうんです。当時の関係性が今も続いているということに、感謝しています。

当時の撮影スタジオは、時代背景のせいもあるのですが、木のぬくもりであふれていました。だから、現場を思い返しても、ふっと思い浮かぶのは、優しい木の色です。

その現場にずっといてくれたマギーさんは、僕にとっては、いつも屋根となって風雨から守ってくれるような存在でした。時には、自分の暮らしや生活までも守ってくれる頼もしいイメージです。

僕は、マギーさんの言葉や存在に、たくさん救われてきました。今回もお話ししながら、改めてマギーさんの優しさを感じ、救われた瞬間がありました。これからも何かあった時には、マギーさんに連絡させてもらおうと思っています。

次回以降も、会いたい方、お世話になった方をお招きし、深くじっくりお話ししたいと思っています。ご期待ください。

まぎー／1972年生まれ、兵庫県出身。お笑い集団「ジョビジョバ」リーダー。俳優、脚本家、演出家として多方面で活躍。手がけた主な脚本に、ドラマ「向かいのバズる家族」（2019年、YTV）、「＃家族募集します」（21年、TBS）がある

Guest

4

千鳥 ノブ

お笑い芸人

「ゴチになります！」をクビになったとき、ちょうどコロナ禍でした。ノブさんとお話しできないままでしたが、この対談で再会することができました。

松下くんは〝視聴者寄り添い型俳優〟

ノブ　うわっ。おっしゃれなスタジオやなぁ。俳優やって歌もやって、連載も持ってるんや。

松下　（笑）。ありがたいことに、連載を持たせていただいています。これまでは俳優さんがゲストで来てくださっていたのですが、せっかくこんな機会をいただいているので、異業種の方ともお話しできたらいいなと。まっさきにノブさんにお会いしたいとお願いしました。

ノブ　そんなん言ってくれてたんや。ありがとう。いやー、芸人がこんなおしゃれなスタジオで、自然体でかっこいい爽やかな写真撮ることないからね。もっとむくみ取ってきたらよかった（笑）。こんな顔がＡＥＲＡに載るんか……。

松下　あはは！　ノブさんとは「ぐるナイ」（日本テレビ系）の中の「ゴチになります！」で、２０２１年1月から1年間、ご一緒させていただきました。今日は、昨年末のクビ以来ですね。

ノブ　そうだね。ゴチではお世話になりました。ゴチの後、松下くんから「ご飯行きましょう」とＬＩＮＥがきて、うれしいなと思って約束したけど、コロナで行けなくなった。つらかったな。

松下　ノブさんのことはいつもテレビで拝見していましたし、ＬＩＮＥも時々させてもらっていましたが、会えてはいなくて。コロナ禍で打ち上げもなかったですし、ノブさんとじっくり話したいなと思っていました。

ノブ ありがとう。俳優さんや女優さんはゴチの中では、まさに「華」。ご飯食べている姿を見るだけで新鮮だから、そこにいてくれるだけでいいのよ。なのに松下くんは、むちゃくちゃ頑張ってくれて。ほんまにいい奴やな、と思ってました。

松下 ゴチの初日、「新メンバーは、松下洸平さんです！」と幕がプシューッと開く時、皆さんが僕のことを知らないだろうな……と心配で不安でした。だから、ノブさんが一番最初に「うわっ、松下くんやん！」と言ってくれたのが、めちゃくちゃうれしかったです。

ノブ あはは（笑）。ちょうどその時、松下くんが出演していた「#リモラブ」（日本テレビ系）を観てたからね。演技がぐっとくる、なかなかの本格派で、えらそうにいうわけじゃないけど、「視聴者寄り添い型俳優」だと思っていた。

松下 視聴者寄り添い型!!（笑）

ノブ でも、あの時、出川（哲朗）さんは絶対に誰かわかってなかったよね？

松下 「誰だい？　この坊やは？」みたいな感じでした。

ノブ そうそう（笑）。

松下 「ゴチ」のオファーをいただいた時、正直すごく悩みました。僕は俳優しかやってきていなくて、バラエティーの世界で通用するのかが不安だったのと、ありのままの自分をさらけ出すことや、カッコ悪い姿も表に出していく勇気が当時の自分にはなかったんです。でも、憧れのナインティナインさんやノブさんとご一緒でき、さらにバラエティーを知り尽くしている先輩方の中でもまれたら、今後の自分の俳優人生の糧になるんじゃないか。何か殻を破れるのではないか。そう考えて、僕でよければ、と。

ノブ へー！　そうなんだ。恥をかくことも含めて、全ての作業が俳優業に返ってくる、ということか。

松下 そうですね。

ノブ すごいね！　ゴチは2週間に1回くらいのペ

場の主役を輝かせる。舞台とゴチは似ていました（松下）

ースで収録日を押さえられてしまう。俳優さんたちは、ドラマとのスケジューリングでめちゃくちゃ難しいのに、よくオファー受けてくれるなと以前から思ってたのよ。そういうことだったのか。

松下　皆さんそれぞれ、いろんな覚悟を持って出てらっしゃったんじゃないかなと思います。

ノブ　松下くんには、バラエティー対応能力がもともとの資質としてある。俳優として苦労する中で、いじったりいじられたりすることにも慣れている感じがした。俺らも「やりやす！」と思ってました。

松下　そう言っていただき、うれしいです。ノブさん、体調はいかがですか？　首ですよね？

ノブ　そうそう。気をつけてな。普通はなかなかなるもんではないんだけど。

松下　痛みを感じてすぐに病院に行かれたんですか？

ノブ　いや、違う違う。最初は寝違えただけだと思ったからほっといたんや。飛行機の中で首を前に倒したまま寝てて、30分くらいして起きたらイテッと。

松下　それもあって、悪化したということですか？

ノブ　いや、おそらく原因はそれなのよ。リクライニングさえできていれば……。飛行機は上空までリクライニングできないからね。上空に着くまでに寝てしまってたんや。痛みを感じてから5日くらい仕事してたけど、やっぱりおかしくて、嫁に病院に行ったほうがいいと言われた。行ったら、椎骨動脈解離と診断されて即入院。助けられたよ。

松下　もう少し延ばしていたら、どうなっていたかわからないですもんね。

ノブ　そう。おかげで、めちゃくちゃ休めたわ。40日間、一切テレビ観ずに過ごしたよ。

松下　思想や考え方が変わりそうですね。

ノブ　そうやな。笑い飯の哲夫さんが仏教書を送ってくれて、それを読んでたら、ツッコんだりするのがバカらしいな、と思ったよ。人をもっと幸せにする仕事をしないといけない。

松下　あはは（笑）。

ノブ　悟りを開きそうになったよ（笑）。

松下くんにはバラエティー対応能力が資質としてある（ノブ）

ゴチで得られたその勢いは、心を開く作業につながりました

ノブ　松下くんは、すごくカンがいい。その番組における人の関わりや成り立ちをわかっている。共演した「ぐるナイ」の中の「ゴチになります！」で言うと、主役はナインティナインさんで、他がゲストと思いきや、実は主役はプロデューサーやディレクターなんですよ。

松下　え、そうなんですか！

ノブ　企画を発案して、スポンサーからお金集めてゴーサインを出してくれたプロデューサーとディレクターの単独ライブなのよ。だから、僕は、その人たちが面白いと喜んでくれる動きをするようにしている。

松下　なるほど。

ノブ　だから、僕は番組ごとにスタンスが違うのよ。俺が主役なのは、千鳥の単独ライブしかないんちゃうかな。それ以外はいち演者として、プロデューサーやディレクターに「やってよかったな」と思ってもらえるように動いている。その感覚を、僕は松下くんに感じる。かっこつけないし、ここはボケたほうが盛り上がるとなったら、思い切りできる。そこが好きですね。

松下　そんな風に言っていただいて、うれしいです。自分なりに、その場、その場でいま誰のタームなのかということは考えていたかもしれません。舞台をやっていると、その場の主役はいましゃべっている人で、その人をまわりにいる僕らがうまく輝かせることができたら、次の人もうまくいく。そうやって回っていく舞台と、ゴチは似ていました。

ノブ　そうかそうか。隣に座っていたまっすー（増田貴久さん）のことも、松下くんがずっとフォローしてくれて、ノリを完結させてくれてたしね。一緒に出てた女優の中条あやみちゃんは意外とバラエティー女王だったし、いつも本当に楽しかった。

松下　中条さん、おそろしいですよ（笑）。もう、すごすぎる。僕も本当に楽しかったです。卒業してからも、たまに番宣などでバラエティーに出させていただくんですが、楽しめる自分になれたのはゴチのおかげです。

ノブ　それはよかった。松下くんの後任として入った高杉真宙さんは、普段からボケたり突っ込んだりするタイプではないんですよ。めちゃくちゃシンプルなイケメンが、スタッフからの無茶ぶりに応えて、いまやもう「やっちゃやってるぅ」というナダルのギャグをパクっているという。

松下　あはは（笑）。

ノブ　彼は芸能界の渦に巻き込まれてますよ（笑）。なんかあったらアドバイスしてあげて。毎回ナダルよりやっちゃやってるから（笑）。

松下　僕は、高杉くんが高校生の頃に一度共演しています。当時からがつがつするタイプではなく、時々、劇場で会うんですが、いつも謙虚です。1、2回目の放送では、すごく緊張している姿が映っていましたが、先週あたり久しぶりに観たら「やっちゃやってるぅ」と（笑）。

千鳥ノブ

ノブ　なにがあったんや、とね（笑）。

松下　僕がそうなんですが、ゴチで得られたその勢いは、心を開く作業につながりました。だんだん自分の殻が取れて、自分自身が軽くなる。それがとても大切だなと思うし、ドラマやお芝居の現場でも肩の力が抜けてくるんです。

ノブ　なるほどね。

松下　だって、ゴチであんな顔してるんだもん。

ノブ　あはは（笑）。

松下　ゴチというみんなが愛している番組でそれができて、観てくれている人との距離感が近くなるのは、とても貴重な経験でした。

ノブ　松下くんが「料理が得意です」と言うから、わざわざマイ包丁を持ってきて、千切りやるんですけど、めちゃくちゃ遅いんですよ。「そこまでウソついてテレビ出たいんか」「松下洸平うそつき」みたいないじられ方をして、めっちゃウケてね。それは、けっして俳優人生でプラスだとは思えないんですが（笑）、結果として視聴者は愛してくれて、ということになるのかな。

松下　千切りは僕としては笑わせようとしたわけではなく、真剣だったんですが、皆さんの力で笑いに変えていただいて、いつの間にかお家芸のようになって感謝しています。ただ、今後、料理人の役をいただいた時に、くすくす笑われるんじゃないかな。それだけは心配です（笑）。

ノブ　そうだね（笑）。

松下　ノブさんは、どの仕事が一番好きですか？

ノブ　難しい質問だね。ただ、僕はお笑い以外は全く興味ない。一度、俳優として朝ドラに片足ちょんとお邪魔したことがあるけど、もう難しすぎて、すぐに引き下がった（笑）。漫才も好きやし、ＭＣをしてる自分の番組も楽しいし。ゴチなども楽しいし。だけど、やっぱり一番は、大悟と笑い飯とやっている「大喜利ライブ」かな。

松下　自分が自分になれる場所だからですか？

ノブ　うん、めちゃくちゃ面白い人しかいないしね。ケガで40日間休んで、復帰が大喜利ライブだった。

めっちゃ不安で、できるかな、と。でも、楽しすぎて、アドレナリンがばーっと出て、終わった時に「あ、病み上がりやったわ」と思い出すほどだった。その時、このライブとこのメンバーめちゃくちゃ好きなんやと改めて気づかされた。

松下　そこが原点なんですね。

ノブ　そうね。老後は、大悟と笑い飯と4人で全国をゆっくり回りながらライブできたら幸せやなと思ってるよ。

そのナンパをしていなかったら、僕はたぶん芸人になっていない

松下　ノブさんは芸人の方だけではなく俳優やミュージシャンなど、たくさんお友達がいらっしゃいますよね。

ノブ　いやいや、そんなイメージあるけど、ほんまは全然いないんですよ。ある番組のアンケートで「仲のいい芸能人は?」と聞かれ、たまたま俳優の

老後は、大悟と笑い飯と4人でライブができたら幸せ（ノブ）

佐藤健くんと仲良くなっていた時だったので、そう書いたら、ディレクターが他にも誰かいませんか?と。だから1回しか会ったことない人のことも話してたら、すごく交友関係が広いとなってしまっただけ。ただ、基本的にめちゃくちゃ人が好きですね。

松下　それは昔から変わらないところですか?

ノブ　そうやね。僕はミーハー一本でこの世界を生きてる。いろんな人に会いたいというのが原動力やな。僕自身はクセのないシンプル人間やから、クセがある人が大好きなんです。変な人や知らない世界の人としゃべりたいし、たくさんの人に会って、いろんな話をいっぱい聞いて死にたいのよ。

松下　そのクセの強い人たちの中でも、一番なのが大悟さんですか?

クセの強い人たちの中でも、一番なのが大悟さんですか?(松下)

ノブ　そうやな、そうかも。岡山県の高校の同級生やけど、高校の中で一番のクセやったからね(笑)。そいつと仲良くなって、こうしてコンビ組むというのは、やっぱり僕は変な奴が好きだという性質なんやろな。

松下　第一印象はいかがでしたか?

ノブ　大悟は北木島という島出身で、高校入学前に、その島から鬼みたいないかつい奴が来るらしいぞ、と聞いていた。でも実際に入学式に行ったら、いなかった。「よかったー」と思ってたら、校長のあいさつくらいで体育館の後ろのドアがガラッと開いて「すいません、遅れてしまいました」と入ってきた(笑)。入学式、遅れる?

松下 (笑)。

ノブ 高校はブレザーなんだけど、大悟は入学式の時点でボンタンに変形させていた。学ランならわかるけど、ブレザーでそんなことする奴おらん。

松下 ブレザーを短くしてるんですか? パリコレみたいな?

ノブ そうそう、逆におしゃれみたいな。しかも大角刈りで、ちぎれた髪の毛がばーっと顔にかかっていて、ほんまに鬼が来たと思ったのが最初の出会い。

松下 ちぎれた髪(笑)。

ノブ 入学式の前に散髪屋に行ったらしい。角刈りしている途中で入学式の時間になり、仕上げのシャンプーせずに走ってきた。だから、髪の毛がついたままやったんやな。やばい奴やで(笑)。

松下 あはは!(笑)。すぐに話しかけたんですか?

ノブ そうそう。

松下 卒業後に一緒にお笑いの道へ進まれるわけですね。

ノブ 岡山にお笑いをやる文化なんてなくて、僕はシャープに就職。大悟は、NSCをひとりで受けに行ったけど落ちてしまい、本流から外れた人ばかりが集まるところで活動を始めていた。そこに笑い飯がいて、大悟の話を聞くと、めちゃくちゃ面白そうでミーハー心がうずいた。当時、僕はシャープで働いていて、仕事も覚えつつある中でなんとなく将来が見えた気がしていた。こんな感じで生活して結婚して、と。

松下 安定した暮らしですね。

ノブ うん。親は喜んでくれていたし、早川信行(ノブさんの本名)の人生として、オッケーかなと思っていた。そんな時に楽しそうな大阪ライフの話されたら、それはもう(笑)。行ってみよう、と。

松下　衝動的な感じですね。
ノブ　まあ、そこにはもっと不埒な出来事があるんですけど。
松下　（笑）。
ノブ　大阪で人生で初めてナンパしたら成功したのよ！　かわいい女子と大悟と４人で飲みに行って、その夜が楽しすぎて、岡山に戻って即辞表出した。そのナンパをしていなかったら、僕はたぶん芸人になっていない。
松下　僕は、過去のお笑いの映像を観るのが好きなんですが、20年くらい前の「松紳」という番組で、島田紳助さんが千鳥さんを面白いと話されていたのが印象的でした。
ノブ　先輩や芸人仲間は面白いとちらほら言ってくれていて、最初はその言葉を励みに頑張ってた。でも一般的には全く浸透していなくて、Ｍ－１の決勝に出ても最下位。仕事が関西でのロケしかなくなり、ここで死ぬほどやるしかないな、と。
松下　千鳥さんの代名詞の「ロケ芸」も生まれるわけですね。
ノブ　「ロケ芸」（笑）。あれができたのも先輩のおかげ。当時のロケは「パンケーキ美味しい」「おばあちゃんは畑仕事をしている」という情報を届けるレポーター役だった。でも、僕らは移動中もずっとボケたりつっこんだりしていた。丸々カットされてたけど、ある時、僕らのボケを多めにしたＶＴＲを流したら、スタジオで観てたトミーズ雅さんが「これや、これや！」と生放送中に言ってくれた。
松下　そうだったんですね！
ノブ　雅さんは大阪のお父ちゃんみたいな人。あのひとことのおかげ。足を向けて寝られない。
松下　情報を伝えるだけという概念があったロケを、笑いに持っていったのが突破口になったんですね。
ノブ　そうやな。そして、いつも誰かが必ず見てくれていた。だから、後輩たちの話は聞いてやりたいなと思うよね。それで僕たちは救われてきたから。

結局最後は、大悟が残るんかなという感覚がある

松下　長く仕事を続けるには、運も大事だと思いますか？

ノブ　うん、めちゃくちゃ大事。僕は、分岐点に立つたびにいい人に出会って導いてもらってきた。そのご縁に恵まれたのは、運だと思う。

松下　きっと、努力して引き寄せられるものではないですよね。

ノブ　そうや。だから松下くんも宝くじ当てたくらいじゃきかないくらいのとんでもない運をつかんだと思わん？

松下　はい、すごく思います。天賦の才能は僕にはないので、余計に。ただ、続ける努力だけはしてきた気がします。芝居をうまくやる努力はもちろんですが、辞めないために嫌いにならない努力もしていました。一番つらかったのは続けることでした。

ノブ　そうやな、辞めたほうがラクかなと思うことあるもんな。

松下　何度もそう思いました。それでも続けてこられたのは、夢を叶えたいという想いもあるけれど、それ以上に、辞めそうになった時に「次はこの舞台を一緒にやろう」と声をかけてくれた人たちがいてくれたから。そういうご縁があったから、今日までくることができました。

ノブ　そうやな、わかるよ。

松下　あとは、僕もミーハー心に突き動かされてきました。漠然と「朝ドラ出たら売れるだろ」みたいな（笑）。そういうわかりやすい考え方ができる人間でよかったなとは思います。

ノブ　僕も最初は猪突猛進なミーハー心だった。モテたい、大金持ちになりたい、ダウンタウンさんみたいになりたいというところでスタートした。

松下　僕は相方がいることへの憧れがあります。ずっと支え合いながら仕事をしてこられたわけですね。

ノブ　そうそう。あまり深く考えたことはないけど、大悟とは家族より長く一緒にいる。

Guest 4

千鳥ノブ

例えば、松下くんが仕事決めるとき、事務所の人とも話すけど、最終的には自分が決めるやん。僕にはそれがない。絶対に大悟と二人で話すから。たまに、全ての選択を自分だけでやっていたら、どんな人生、どんな芸人になっていたのかなと考えるけど、まあ間違えてたんやろうな。

松下　喜びや悔しさを共有できる人がいることはコンビの強みですね。

ノブ　それはあるな。やばい選択をしかけた時も、どちらかがブレなければ間違えない。

松下　ピンでのお仕事も増えてきて、寂しさみたいなものはないんですか？

ノブ　最近あるかも（笑）。最初は自分の可能性を求めていたけど、なんやろな、寂しくなってきた。熟年夫婦じゃないけど、結局最後は、大悟が残るんかなという感覚がある。

　お笑いの師匠で、若い頃は殴り合いの大ゲンカをしていたという噂を聞いたことのあるコンビが、70代になったら、劇場のロビーで笑い合ってるのよ。「なんやその服！」とかどうでもいいことで。

松下　（笑）。きっと何周もしたんでしょうね。

ノブ　そうそう。そうやって互いの葬式で涙を流しながら弔辞を読むことになるのかな。いま42歳やけど、その最初の一瞬が見えたような気がした。

松下　僕らの現場にも仲間、つまり共演者がいます。でも、いつもだいたい3カ月半で終わるんです。寂しいですが、一方で短い期間だから楽しいのかなと思うこともあります。20年以上コンビを続けていらっしゃるのは想像できない部分でもあります。

ノブ　変態らしいよ（笑）。人間は、好きな気持ちを持ち続けることが難しい生き物らしい。浮気して別れる人のほうが本能的には正常なのよ。僕は嫁も高校の同級生で、25年近くの付き合いだから、やっぱり変態やな。

松下　（笑）。今後、新たにやってみたいことはありますか？

ノブ　先日、ゲッターズ飯田さんに占ってもらう機会があって、24年から、ユニクロの柳井正さんくら

千鳥ノブ

い稼ぐと言われた。だから何か新たに始めたほうがいいのかなとは思ってるけど、全くなんのヒントもない（笑）。

松下　兆しはないんですか。あれのことかなぁ？とか。

ノブ　全くない（笑）。ミーハーやから、アイドルグループを作って、売れていく横にいたい、というのはある。でも、アイドルは売れ切った後が儚いのよ。だから安易にデビューさせても、と現実的に考えてしまい、あきらめるけど。

松下　プライベートでは、いかがですか？

ノブ　めちゃくちゃあるよ！　山梨に別荘を建てて、湖のほとりで、ゆっくりしたい。ゴルフして、キャンプして、南国でドライブもいいな。ってこれ、完全に東京に疲れてるな（笑）。

松下　あはは（笑）。ネイチャーを欲してますね。

ノブ　最近は朝日を浴びたいとも思うんだ。以前はカーテン閉め切って布団にもぐりこんでいたのに。

松下くんはいま、俳優の仕事でぱっつんぱっつんやろうけど、バラエティーはもちろん、音楽番組のMCとか十分にできるし、息抜きとなるのならやったほうがいい。そういうの一緒にやりたいな。

松下　うれしい！　いいですね！

ノブ　今回は、いま日本一忙しい俳優である松下くんと、今まで話したことないことまでしゃべったわ。唯一の心残りはAERAやのに、こんなむくんだ顔で（笑）。スケジュール合うのが朝しかなかったしな。

松下　さっき起きたばっかりですからね（笑）。朝から濃い話をしていただき、ありがとうございました。

［2022年10月収録］

遠赤外線ヒーター みたいな あったかいオレンジ

さすがノブさんでしたね。楽しかった。

ノブさんは、芸人さんの中でも、ダークな部分が一つもない方だと思いました。全体をまとっているエネルギーがとても明るくあたたかい。その明るさは、太陽のようなまぶしさではなく、炎のようにメラメラ燃えてもいない。ヒーターのように身体の芯からじっくり温まって、ほっとできるような明るさです。

「ミーハー心だけでやってきた」と話されていたのが印象的でした。もちろん、苦悩も挫折もたくさんおありだったと思いますが、原動力がミーハー心であることには、すごく共感できます。僕もずっと「朝ドラ、朝ドラ」と言ってきましたから。

原動力は人それぞれ、どんなことでもいいんですよね。「モテたい」「お金ほしい」でもいい。そこにウソをつかず、かっこつけずに、自分の中でこれと決めて突き進むことができる人は、きっと強いんでしょうね。ノブさんも自分を信じてやってこられたからこそのいまなんだろうと思いました。

一度きりの人生で「いろんな人に会って死にたい」という言葉からは、できるだけ後悔がないように生きたいというノブさんの想いを感じました。きっと一度の人生では足りないくらいだと思うので、一瞬一瞬を大切にされているんでしょうね。

これまでも時々やりとりさせてもらってきました。「また飲みに行こうよ」と言ってくださるのがうれしいです。共通の知り合いの芸人さんや俳優さんも多いので、近々またゆっくりお話ししたいです。

のぶ／1979年生まれ、岡山県出身。2000年7月、高校の同級生だった大悟とともに「千鳥」を結成。バラエティー、単独ライブ、番組MCなど幅広く活動

Guest

5

川谷絵音

ミュージシャン

5人目のゲストは「はじめまして」の川谷絵音さんです。対談後、連絡先を交換させていただいて、プライベートで食事に行くこともできました。ご縁に感謝しています。

川谷さんの音楽を聴いていると、カラカラの心が潤ってくる

松下　「初めまして」ですね（照）。

川谷　そうですね（笑）。

松下　よろしくお願いします。これまでは、共演させていただいた役者さんやお世話になった芸人さんにお越しいただき、仕事のことやプライベートなことなどいろいろとお話を伺ってきました。連載を続ける中で、編集部の方から「いま、会いたい人は誰ですか？」と聞かれて、真っ先に川谷さんのお名前を挙げさせてもらいました。

川谷　ありがとうございます。

松下　川谷さんとその音楽が大好きだと、インタビューなどで勝手に話をさせていただいているのですが、なんとその記事を川谷さんが読んでくださって！　さらにSNSで僕の名前を出していただいたこともあって。今回は、その優しさに完全につけこんだような感じですね（笑）。

川谷　いえいえ（笑）。むしろ、こちらこそありがとうございます。松下さんが出演されたTBS系ドラマ「最愛」（2021年）にハマっていた時に、ファンの方が記事のことを教えてくれました。うれしかったです。

松下　普段、ドラマはもちろん、そもそもテレビを観ないのではないかという勝手なイメージがありま

した。
川谷　バラエティーはよく観ますよ。さらにコロナ禍には、ドラマも観るようになりましたが、最後まで観続ける体力があまりなくて（笑）。
松下　1クールを毎週観続けるには、気力と体力がいりますよね。
川谷　配信されているものを後日まとめて観ようかなと思ってしまいがちです。でも「最愛」だけは毎週欠かさず観ていました。松下さんの表情がすごく好きで。僕はあまり感情移入しない人間なんですが、松下さんの役に入り込んでいました。あんなにハマったのは久しぶりです。TBS系ドラマ「オレンジデイズ」（04年）以来じゃないかな。
松下　むちゃくちゃうれしいです。毎週ドラマを楽しみにしてくださっていたんですね。そもそも1話を観るきっかけはなんだったんですか。
川谷　番宣で知り、めちゃくちゃ面白そうだな、と。ドラマならコメディーよりもシックなものがいいので、ばちっとハマりました。曲づくりの参考になるかな、とも思って観ていました。
松下　そうなんですね！　えっと……（恐る恐る）なりましたか？
川谷　すごくなりましたよ。
松下　それはうれしいです！
川谷　僕が手がけているバンドのひとつ「indigo la End」では、愛や恋を歌っていますが、ずっとやっているとだんだん言いたいことがなくなってくる。だから、新しい価値観を映画やドラマなどで摂取するようにしています。「最愛」にはいろんな人間関係と愛の形があって、これは曲にしたい、とかなり前のめりに観ていました。
松下　ありがとうございます。
川谷　宇多田ヒカルさんの主題歌もめちゃくちゃよかったです。こんなシンプルな言葉でこんなすごい曲を書かれたら、もう何も書けないな、と（笑）。ドラマも音楽も全部よかったです。
松下　いろんなものが届いた感じがして、本当にうれしいです。僕が川谷さんの世界観にがっつりハマ

恋愛ドラマをやっているときは川谷さんの言葉が響く（松下）

ったきっかけは、バンドの「ジェニーハイ」です。家ではもちろん、移動中もずっと聴いてます。ドラマの撮影中は朝5時半に起きて、移動して、そのまま夜11時や、遅いときは2時、3時までかかることがあります。現場で消費する心のカロリーがとても多くて、けっこうカラカラになる。でも、帰り道に車の窓をあけて夜の風にふわーっとあたりながら川谷さんの音楽を聴いていると、潤ってくるんです。鳴っている音や声、バンドのサウンドが心地よくて、沁みてくるものを感じながら一日が終わっていくのが、最近のルーティンになっています。

川谷　そんなふうに言っていただいて、めちゃくちゃうれしいです、ありがとうございます。

松下　「最愛」の中には、いろいろな愛の形があって、人を一途に思うことの難しさを作品を通して改めて痛感しました。そんな恋愛もののドラマをやっている時は、川谷さんの言葉がとても響きます。きれいごとばかりじゃないところが、いちファンとして好きですね。人間の欲の塊みたいなものも書いてくださいますし。その世界観は、どういう創作過程になっているのか気になっていました。ドラマや映画からアイデアを得られることも多いんですね。

川谷　そうですね。「ジェニーハイ」に関しては、面白い言葉が浮かんだら、それをそのまま歌にしています。ボーカルの声を想像しながら、みんなが知っている言葉だけど、やったことがない組み合わせを常に考えてますね。ちゃんみなとコラボした「華奢なリップ」という曲も、その言葉が浮かんだと同時に、サビができました。

人生に生きづらさが出てくるといい曲ができる（川谷）

松下　なるほど。日々、言葉を探しているんですね。

川谷　そうですね。メモもよくとります。洋画のセリフを画面を止めてスクショして保存することもあります。

松下　ちなみに「最愛」を観てひらめいたものは曲になりましたか？

川谷　まだ曲にはできてないんです。でも、オケはできてますよ。

松下　うわっ、本当ですか、それはすごいな……。

川谷　いま歌詞を試行錯誤しています。

松下　完成したらぜひ、教えてください。

悲しさの先にある美しさ、絶望の先の美しさを音楽にしたい

松下　川谷さんの曲は時々、主人公が女性になる時がありますす。どういう意図があるのですか？

川谷　主観が入りすぎるとよくないなと思う時に、女性に変えることがあります。それとボーカルが女性の時は、女性の気持ちで書く。「ジェニーハイ」が特にそうなんですが、自分が歌わないからこそ書ける歌詞もありますね。

松下　歌詞は、実体験も含めて書かれますか？

川谷　自分が体験して、感動したことはどうしても「僕」と書いてしまう。でも、恥ずかしい時は「私」にしてしまいます（笑）。人から聞いた話に自分を没入させて書くこともあります。

松下　そうなんですね！　曲を作る上で、人の話を参考にされたりもするんですか？

川谷　そうですね。8月にコロナに感染してしまい、誰にも会わなかった時がありました。療養期間中、人と会わないことは「平和」なのかもしれないな、と思ったこともあるんです。何も起きないですよね。嫌になることも、人を嫌にさせることもない。でも、あの1カ月間、一曲も作らなかったんです。音楽をやってきて、初めてのことでした。やっぱり人と会わないと曲が作れない。

松下　常に自らアンテナを張っていらっしゃる……？　それとも、無意識な時にアイデアが入ってくるなんてことがありますか？

川谷　アンテナを張っていることが多いですが、無意識のほうがいい曲になる気がします。飲み会などに「よし、今日は曲にするぞ」と意気込んで行くと、ろくなことにならない（笑）。

松下　あはは（笑）。

川谷　人に会わない生活は、僕にはムリかな。飽きちゃうと思うんです。以前、半年に1回くらい引っ越していた時期がありました。だめだ、ここにいたら曲ができない、と思うんです。無理やり自分を変えるためには引っ越しが一番いい。

松下　えぇー！

川谷　今は安定してるんですけど、安定していることが果たしていいのかな、と考えてしまいますね。人生に生きづらさが出てくるといい曲ができることがあるので。

松下　常に自分に何か課せられた状態のほうがいいということですか？

川谷　そうですね。負荷がかかっている時のほうがいいかもしれないですね。

松下　僕、戦時中の役をやる時に、おなかをすかせた状態を想像するだけではダメだと思って、実際に体験するためにご飯を食べずに過ごしたことがあって。やり方は違うかもしれないけれど、自分に負荷をかけておいたほうが面白いものができるというのは、音楽も芝居も同じかもしれないですね。逆に負荷をかけすぎて、そこから抜け出せなくなるようなことってありますか？

川谷　あります。曲どころじゃなくなります（笑）。僕は負荷をかけるために、自分のことを悪く書いてあるものをひたすら読むことがあります。昔のことも含めて全部。でも、途中からイライラしてくる（笑）。

松下　（笑）。逆にポジティブな瞬間が曲になることも？

川谷　僕は基本的にプラス思考ゼロなので、マイナスから生まれた音楽ばかりです。楽しい時も「これ以上楽しんでどうするんだ」とストッパー役の自分が出てくるというか。応援ソングのような歌詞がバーンと入ってくる明るい曲を求められてやることはあるんですけど、その時も哀愁をしのばせないとできない。「そんなわけないじゃん」とか「そんなもんだよな」というちょっとした諦めが僕の中にあって、曲にもそれが出てしまいます。

松下　マイナスを形にすることでプラスにしようという音楽でもあるんですね！

川谷　そうですね。自分が悲しいときにより悲しい曲を聴くと元気になる。悲しさの先にある美しさ、絶望の先の美しさを音楽にしていきたいというのは昔から変わらないですね。

松下　それは川谷さんの曲を聴いていて、どうしようもなく刺さる部分です。疲れた時、川谷さんの音楽を聴きたくなるんです。そうすると心が休まって、気持ちが軽くなるというか。お酒は飲まれますか？

川谷　最近はあまりないですが、コロナの前はよく飲みに行ってました。自分の中で選択肢が狭まってしまう気がするので、外の人と会わなければならないと思って。それはそれで疲弊していたんですけどね（笑）。もう行きたくないな、とか。でも「なんで飲んでたんだろう」が曲になったりもするんですよね（笑）。これは僕自身の統計ですが、曲を作る時は、赤ワインを飲むと、白ワインよりいい曲ができます。

松下　へぇ！　面白いな。

川谷　白ワインは全然だめ、ビールもだめです（笑）。

松下　不思議ですね。

川谷　ふつうに飲んでしまうのかもしれないですね。赤は、色も深いし、音楽つくっている自分に酔えるんですけど。

松下　ちょっと試してみます！

川谷　ふつうに酔ってしまう可能性もありますけどね（笑）。

幸せを少し俯瞰しているところが素敵で、すごく響きます（松下）

僕は曲づくりに救われている。リフレッシュはライブ（川谷）

バンドごとに心持ちが変わることは、とてもいいと思っています

松下　僕は「ジェニーハイ」のファーストアルバムがめちゃくちゃ好きで、何度も聴いてます。中でも「まるで幸せ」が大好きです。ハッピーなのに、その幸せを少し俯瞰しているところが素敵だなと思っています。うれしいことや楽しいことだけではないのが人生で、その中に本当の愛がある。そんな歌詞がすごく響きます。

川谷　ありがとうございます。自分が歌わないから書けた曲です。

松下　結婚についての曲を書こうと決めていたんですよね？

川谷　最初はそうじゃなかったんです。オケづくりの途中でドラムのデモを録りながら方向性が決まりました。ジェニーハイの曲は、基本的に1日で全部作るんです。2日にまたがない。

松下　えっ！　フル尺ですか？

川谷　そうです。アレンジしてデモを録るところまで1日です。歌詞もその場で書き上げます。「ｉｎｄｉｇｏ　ｌａ　Ｅｎｄ」などは家で時間かけて書くんですけど、ジェニーハイは現場でゾーンに入って一気に書きます。家で書くのとは違って、その場で追い込まれながらやるので、全然歌詞が違います。

松下　すごいですね。もともとルーツはロックですか？

川谷　そうですね。ただロックは小学校高学年くらいから。もともと耳に入っていたのは、クラシックです。母親が好きで家でずっと流れていました。祖父は長崎県の五島列島で「源ちゃん一座」という劇団をしていて、祖母が踊り子。その下で育った父と一緒に演歌もよく聴いていました。

僕は3、4歳の頃に美空ひばりさんの「川の流れのように」を歌ったんです。みんなが「うまい、うまい」と褒めてくれて、その頃から自分の中で将来は歌手になるんだ、というのがありました。

松下　そうなんですね！　そこが原点なんですね。

川谷さんの曲の中にはヒップホップの要素が流れているようにも感じていて、僕もルーツはヒップホップやR&Bなので、より響きます。

川谷　はい、ヒップホップ好きですね。松下さんの曲からはR&Bをめちゃくちゃ感じます。ピアノを弾かれるんですか？

松下　上手じゃないですけど。曲作りはピアノです。ギターは飾っているだけ。たまに家で触ったりはしますけど。

川谷　ああ、やっぱり。曲を聴いてピアノっぽいなと思っていました。

松下　創作することに疲れてしまったり、思考が止まってしまったりする瞬間はないですか？

川谷　うーん、どうだろう。僕は、ライブをするよりも作っている時が一番幸せ。曲作りに救われているというか。完成盤を聴く時が頂点で、そこからどんどん下がってきてしまうので、すぐに新たなアルバム制作を始めて、次の幸せに向かってどうにか進んでいく感じです。

松下　バンドがたくさんありますもんね。

川谷　今五つですね。ライブがどんどん入ってくることもリフレッシュになっているとは思います。ひとつのバンドしかないと制作だけの期間が長く疲れてしまうかもしれないですが、僕の場合はコマ切れ。それがすごくいいあんばいになっています。

松下　ライブで全部出してリセットされているんですね。

川谷　そうですね。ライブ会場は、アリーナから小さいライブハウスまで様々。自分たちで車を借りて機材を積み込む作業をしているバンドもあるんです。

初心に帰る場所があって、「自分はバンドマンだな」と思いながら生活できています。

松下　なるほど。バンドはご自身で率先しているものが多いのですか？

川谷　ジェニーハイは、番組の企画で無理やり入れられた感じですね（笑）。当初はぜんぜん。

松下　ここまでなると思ってなかった？（笑）

川谷　はい（笑）。お笑いが好きなので、芸人さんとやるのは楽しそうだし、1曲くらいならいいかなと思って（笑）。でも、みんなすごく真剣にやられていて、だんだん僕ものめりこんでいきました。

松下　どのバンドも、比重は均等ですか？

川谷　どれも大事ですが、ｉｎｄｉｇｏ　ｌａ　Ｅｎｄは自分にとって最初のバンドなので大切にしています。「ゲスの極み乙女」も、これがなかったら今も音楽をやっていなかったと思うので、比重は大きいですね。

松下　バンドによってご自身のキャラも変わりますか？

川谷　はい、全然違いますね。ｉｎｄｉｇｏ　ｌａ　Ｅｎｄはストイックだけど、ゲスの時は「陽」。ジェニーハイは芸人さんもいらっしゃるので、ＭＣでは全くしゃべりません（笑）。バンドごとに心持ちが変わることは、とてもいいと思っています。

役者さんも毎回違う現場で、違う人と会われますよね。ただ、僕らは違う人に会うとはいえ、並行して進んでいくだけで、それぞれ関係性が上積みされていく。役者さんはひとつの作品が終わったらおしまいであることが、寂しそうだなと思っています。

松下　そうですね。俳優の現場は、初めましてと同時にサヨナラに向かっていく気がします。最後はいつも「別れるとわかっていたら、出会わなければよかった」というベタなセリフが本当に頭をよぎります（笑）。

川谷　恋愛に近いですね。そういう曲を書くことが多いので、その感覚はよくわかる気がします。

いつも後悔と「これでよかったのかな」という自問自答です

松下　髪の青色、素敵ですね！

川谷　もともと金色だったんですけど、根元をブリーチするのが嫌で、伸びるまでの間だけ色を遊ぼうかな、と。

松下　めちゃくちゃ似合っています。僕も、髪染めてみたくて。

川谷　そういう役はないんですか?

松下　ないんです……。なので、やってみたいんです。

川谷　音楽と役者をやっている人をとてもリスペクトしていて、どんな生活をしているのか気になっていました。

松下　僕の場合は、もともと音楽はやりたいことだったということに救われている気がします。21歳で音楽でデビューしたけど、全然だめで、そこから出会いに恵まれて俳優業をやらせてもらい、今また音楽ができるようになりました。目まぐるしいですけど、とても楽しくやらせてもらっています。

川谷　だから、どちらもできるんですね。松下さん

もそうですが、星野源さんや野田洋次郎さんなども、僕からするとすごすぎて、もう、ちょっとよくわからない（笑）。音楽と芝居でスケジュールを分けているのかもしれないですが、並行していることも絶対あるでしょうし。

松下　並行するのはすごく大変だとわかりました（笑）。今、まさにアルバム制作をしながらドラマを撮っていて、明日までに歌詞を書かなきゃいけないけど、次のセリフも覚えなきゃー！なんてこともあります。

川谷　セリフはどうやって覚えるんですか？　撮影の1カ月前くらいに覚えるんですか？

松下　いえ、前日か当日の時もあります。

川谷　えっ!!

松下　セリフはずっと覚え続けてきているので、その能力は少しだけ発達しているかもしれないです。台本を見てぶつぶつ言いながら覚えて、あとは現場で共演者と合わせていきます。

川谷　へー、すごいですね。

松下　数週間前から完璧にセリフを入れて、一言一句間違えないようにやっていた時期もあったのですが、現場で共演者と合わせると、自分の間でしか芝居ができない。もっと柔軟にやるためには余白がいると思って、今はなるべくぎりぎりまで覚えないようにしています。

川谷　シーンの合間にも覚えることがあるんですか？

松下　あります。川谷さんは、歌詞はどうやって覚えるんですか？　バンドをたくさんやってらっしゃるから、ごっちゃになりませんか？

川谷　歌詞は家で歌いながら覚えます。どちらかというと、ギターのほうがごっちゃになる。

松下　そうか、全部自分で弾いてらっしゃいますもんね。

川谷　弾き始めたら、あ、これ違うバンドの曲だ、ということはありますよ。フェスなどで、僕らは観客の前でリハーサルをしないんです。楽屋から急にステージに出ると、太陽の光で、ギターの見え方が違って焦ることがあります。そういう時は100％間違えますね（笑）。

松下　これはぜひ聞きたかったことですが、曲以外のものをつくろうと思ったことはないですか？　映画の脚本を書くとか。

川谷　小説を書いたらと勧められて、やってみたことがありますが、場面説明に疲れてしまいました（笑）。小説はストーリーが抽象的であっても、設定などはかなり具体的に書かなければならないので難しい。歌詞では、聴き手の想像に任せられるから書く必要がない部分です。

松下　川谷さんは、創作された世界に入り込まれる方だと思っていて、ということはお芝居も面白いんじゃないかなと。

川谷　演技も何度かやったことがありますが、音楽と違って、リハーサルから本気でやるのはすごく恥ずかしくて。ミュージシャン病でしょうか（笑）。演技する時は常に「これであっているのかな」と不安だし、その作品を書いた人は「そんなんじゃないよ」と思うかもしれない、と考えてしまいます。

松下　常に自問自答している感じなんですね。

川谷　はい。以前、インタビューで聞かれたのですが「毎回100点の曲を書くのですか？」と。僕の場合、いつも100点は出せていなくて、85点くらいでも発表しています。15点分は、いつも後悔と「これでよかったのかな」という自問自答です。

松下　なるほど。

川谷　僕はPVですら、カメラがばーっと近づいてくると耐えられない（笑）。なんでこんなにかっこつけて演奏してるんだろう、と俯瞰してしまいます。

松下　（笑）。喜びの俯瞰もありますか？　例えば、アリーナでライブ中に、東京に出てきて、小さなライブハウスから始まって、今は何万人もの観客の前に立っているんだな、とか。

川谷　最初はありましたが、今はなくなりました。というよりも、いつも来てくれるファンの顔がわかるようになって、この人たちに支えられているんだな、だからここまで続けてこられたんだな、という哀愁を帯びた感覚になることが多いです。

五つのバンドを同時並行でやっていると、どれがどの位置にいて、どの方向を目指すのかがわかりづらくなることもあります。この先どうするのが正解なのか考えることが増えました。

松下　僕は川谷さんの世界観がとても好きで、心地よく入ってくる。ここからの川谷さんの新たな一手が、いちファンとしてはとても気になります。もしよかったら飲みに行きましょう！

川谷　ぜひぜひ。こうしてつながることができて、とてもうれしいです。

松下　こちらこそ！　来ていただいて、本当にありがとうございました。

［2022年9月収録］

織細なガラスのような青

初めてお会いしましたが、透明感があって、とても繊細な方でした。常に自分を俯瞰で見ているとおっしゃっていましたが、それはつまり、どんな時も自分にウソがつけないということだと思いました。何事に対してもピュアで素直な方なんだろうなという印象を受けました。

人間は、誰しもネガティブな部分やきれいばかりではない欲を持っていると思います。川谷さんは、そこに美しさやはかなさを見いだせる人じゃないかなぁ。そして、誰よりも人の痛みがわかる。だからこそ、悲しい気持ちやつらい気持ちに寄り添える曲を作れるのだと思いました。僕は、演じる時に悲しさや切なさの中にある美しさを表現したいと思うことがあるので、そんな時は特に川谷さんの音楽が刺さります。

五つのバンドを掛け持ちしながら、すべてのファンをとても大事にされている。そして、この先、どうするかを深く考えてらっしゃって。長く第一線に立ち続けてこられた方ならではの悩みだと感じました。

僕なんかは、テレビも歌もまだ始めたばかりだから、「大変だ、大変だ」と言いながらも、見るもの聞くもの全てが新鮮で、キャッキャッとやっているわけです。川谷さんには、きっと僕にはわからない生みの苦しみや胸の内があるんだろうな。率直なお話がお聞きできてよかったです。

僕の川谷さんへの愛もちゃんと伝えることができたので、お会いできて本当によかったです。お話も面白くて、とても楽しかったです！！　ありがとうございました。

かわたに・えのん／1988年生まれ、長崎県出身。手がけるバンドは「indigo la End」「ゲスの極み乙女」「ジェニーハイ」「ichikoro」「礼賛」。アーティストへの楽曲提供やプロデュースも多数

Guest

6

木村多江

俳優

親子役で共演した木村多江さんが来てくださいました。
いつもにこにこ優しくて、みんな多江さんが大好きなんです。
そのお人柄に癒やされる時間になりました。

板の上に乗ったらみんな一緒。年齢や性別、キャリアも関係ない

木村　ゲストに選んでいただいて、びっくりしました（笑）。

松下　ぜひ多江さんとお話ししたいと思っていました！

　今春のフジテレビ系「やんごとなき一族」で初共演させていただきました。実の親子役だったのですが、家に帰って、こんなきれいなお母さんいたらうれしいですよね。

木村　いえいえ。普段は家の中で髪振り乱してバタバタしてますよ（笑）。

　洸平くんと初めて会ったのは「やんごと」第1話の収録現場でした。自宅の門のところで土屋太鳳ちゃんを突き飛ばすシーンだったね。

松下　あの日、寒かったですよね。

木村　気温が1、2度しかない中、私は薄手のブラウス1枚でね。オンエアを観ると、目が血走って、顔も蒼白で悲壮な想いを抱えているように見えるんだけれど、あれは寒いからそうなっている（笑）。

松下　あはは（笑）。

木村　「やんごと」で初めて会うまで、洸平くんに対しては「テレビでよく見るとても素敵な人」という一般の主婦みたいな感覚しかなかったの。自分にこんな大きな子どもがいないこともあって、ぜんぜ

ん息子の対象じゃないわけ（笑）。だから、どうやったら、この人のお母さんになれるのかな、とずっと考えていました。

でも、最初からすごく目を合わせてくれたよね。私をお母さんとしてお芝居をつくっていこうという気概が伝わってきて、「この人なら大丈夫」だと思うことができました。

松下　僕も、まさに多江さんの目を見た時に「あなたの母親でいたい」という気持ちをキャッチした瞬間がありました。母屋のリビングで、家と縁を切ろうとするシーンです。父親からひどいことを言われ、もうここにはいられないと思って飛び出していく時に、振り返って母さんの顔を見た。あの家で唯一、自分のことを理解してくれる母親の顔を最後に見ておきたかったからですが、その時の多江さんの目は、母親の目でした。もうちょっと見ていたら泣いてたかもしれない。

木村　台本にはない動きで、あそこで振り返ると思ってなかったから驚いたよ。けれど、私との役の上での距離感を示してくれたのがうれしかった。ここから3カ月、「この人のお母さんになれる」と思えた。自分で頑張っても、なかなか作りきれなかったところが埋まった気がしました。

松下　多江さんは、いつも優しいリズムでお話してくださるし、そこにいてくれるだけで現場がふわっとするんです。僕は待ち時間に、多江さんと他愛ないことからまじめなことまで色々とお話しする時間がすごく楽しかったですし、癒やしでした。一方で、アグレッシブな方だなとも思っていました。

木村　そう？　わたし世間では、あまり動かない人だと思われてると思うんだけどな。

松下　（笑）。

木村　結構、ふざけてたからかな（笑）。私はみんなが笑っていたらいいなと思っているからね。洸平くんもすごく空気を読んでいて、みんなを和ませるようなサービス精神が旺盛。どうせ大変なお仕事だから、楽しいほうがいいなと思うところは同じだと思う。

楽しむ雰囲気を率先して作ってくださった(松下)

松下　うんうん。

木村　待ち時間に助監督さんが「スタンバイ中」と声を出してくれるんですが、洸平くんも言ってくれてたね(笑)。

松下　映画やドラマの現場で、誰かが「スタンバイ中」や「休憩中」と言うと、そばにいる人がどんどん続けて言うという不思議な決まりごと? みたいなのがあって。それを僕が言っても、みんな続いてくれるのがうれしかった(笑)。

木村　洸平くんが「多江さんも言ってくださいよ」というから声を出したら、「意外に本格的に言いましたね」と(笑)。

松下　そうそう、多江さんのイメージにない野太い声で(笑)。「やんごと」の現場は、ピリピリした雰囲気ではなかったですが、石橋凌さん演じるお父さんが、だーっと大声で怒鳴る怖くて迫力があるシーンも多かったです。

　でも、演じている僕たちはこの状況を楽しんでいるほうが、このドラマにとってはいいんだろうなと。その雰囲気を多江さんが率先して作ってくださった。ぽろっと面白いことやおかしな動きをしてくれるんです。

木村　そうね(笑)。役でツッコんだりしてね。

松下　お父さんが無茶苦茶なことを言うシーンで、台本上では絶対に刃向かわないお母さんが、リハーサルの時だけ「自分でやってください」と言い返したり(笑)。

木村　本番で「はい、オッケー」となってから、「ほんっとひどいよねー」って言ったりね。私を散々

温かい気持ちが伝染していて自然と家族になれた（木村）

に怒鳴るお父さんに仕返ししてた（笑）。
重い芝居の後に、楽しいことができる現場だったのは、洸平くんや太鳳ちゃんが主役然とせず、周囲をリスペクトしてくれていたから。温かい気持ちが伝染していて自然と家族になれたと思う。

松下　まさに家族でしたよね。

木村　役者は、板の上に乗ったらみんな一緒。年齢や性別、キャリアも関係ない。洸平くんはすごく活躍していて人気があるのに、そこに惑わされずにいる。そこが信頼できるし、現場の安心感につながっていた。

松下　そんな風に言っていただけるなんて、光栄です。ありがとうございます。

この人たちに恩返しすることが私が生きている意味なのかな、と

松下　現場は楽しいほうがいいという精神は昔からですか？

木村　うーん……。私は20代の頃は、現場でうまく存在できなかった。自分の居場所を見つけられなかったというか。この現場で勝たないと次がないという恐怖心が常にあって、とにかく自分がいい結果を出すことだけにフォーカスしていたの。いつも反省して、後悔して、落ち込んで、を繰り返して。
私にとって現場は、苦しくてしんどいものだったから、周囲との距離をうまくつめられない時期が長かったかな。20代の頃は、あまり現場で話さない人だったと思う。

松下　そうなんですね。あまり想像がつかないです。

木村　今はずっとしゃべってるしね（笑）。

松下　でも「勝ち負け」というのは、わかる気がします。「勝たなきゃいけない」と「負けたくない」に縛られていた時期が僕もありました。物事を勝ち負けでとらえてしまって、逆に自分のクビをしめてしまうような。

木村　私は、1話だけのゲストで呼ばれて、しかも泣く芝居がすごく多かったの。いきなり行って、うまく泣けるか泣けないかが、勝敗になる感覚がすごくあった。観ている人が一番ぐっとくるタイミングで涙を流すために、家で１００回以上練習してから行ってたから。

松下　それはすごいですね。

木村　涙が流れたタイミングが少しでもずれてしまったら、悔しくて悔しくて悲しくて、オンエアが終わってからも1カ月くらいその稽古していた。

松下　えっ、終わった作品もですか？

木村　そう。そこまで追い込んでいたから、いつも余裕がなかった。与えられる役がきつい設定ばかりで、本来の自分とも違うし、ずっとコメディーやりたい、やりたいと言い続けてたんだけどね。「いや、多江ちゃんはこっちでしょう」と言われて、どんどん幸薄いほうに（笑）。

松下　泣くお芝居や、ゲストで呼ばれた時の難しさは、僕も悩みました。役名も名字しかない役や殺人犯などをたくさんやっているので。

木村　意外とそっち系なんだよね（笑）。

20代の頃の私は、こうなりたい、こう演じたいという想いが強かったんだと思う。それに加えて、21歳の時に父が亡くなったことをうまく消化できなくて精神的に不安定だった。ぐらぐら揺れ動きすぎて、でも忙しくて、本当にお芝居が好きなのかもわからなくなるくらいに追いつめられているような感覚が31歳くらいまで続いた。

松下　そうなんですね。

木村　でも、私の芝居を見てくださった方や家族、スタッフに支えられていることに気づけるようにな

木村多江

ったの。この人たちに恩返しすることが、私が生きている意味なのかな、と。そうすると、自分を許せるようになって、ラクになった。

松下　仕事というのは、自分のためはもちろんあるけど、自分以外の誰かのためでもあって。僕自身も最近気づけたように思います。周囲へのありがとうの気持ちが増えました。

木村　洸平くんからは、その気持ちが伝わってくるよ。

松下　ここ2～3年で、連続ドラマをたくさんやらせていただけるようになって、共演者と密にお芝居を重ねられる幸せを感じています。

　多江さんのデビューはいつですか？

木村　高校生の頃にオーディションを受け始めて、活動を始めたのは19歳です。

松下　その頃、僕の事務所のスタッフさんと一緒に舞台に出てらっしゃったんですよね？

木村　そうそう、私の初舞台のミュージカルに一緒に出たのよ。

松下　共演させていただいた「やんごとなき一族」の現場でそのことを聞いて驚きました。僕が知っているその方はビシッとスーツを着たスタッフさんで、俳優のイメージがなかったので（笑）。

木村　ふふふ（笑）。まだ若くて、自分たちがどこに向かっているのかわかっていなかったけれど、なんだか楽しい！という気持ちでオーディションを受けていた頃だね。

松下　自分でお芝居をやりたいと思って、飛び込んだんですか？

木村　そうだね。ただ、役者や俳優と呼ばれる職業という認識はなくて「あそこに立ちたい」というシンプルな思いだった。演劇部だったし、ずっとクラシックバレエをやっていたことや、親戚にミュージカルの音楽を作っている方がいて、その劇団に遊びに行ったり、舞台を観に行ったりする中で、自然とそう思うようになった。

松下　目立つことが好きでしたか？

木村　全然。ただ舞台に立ちたいと思っただけで、実際に立つと、ミュージカルの動きがうまくできなくて、あれ？ 違うかな、と思うこともあった（笑）。その後、アングラが楽しいなと思うようになり、お芝居は自分の心の中でマグマのように渦巻いているものを吐き出せるかもしれないと思った。

松下　「自分の居場所を探していた」とおっしゃってましたが、いろんなところを旅しながら見つけられたんですね。

洸平くんのお芝居や歌からは、人柄と生き方がただ漏れてる

木村　「やんごとなき一族」の撮影初期の頃に、ちょうど洸平くんの新曲が出て、女性陣みんなで聴いたことがあるの。みんな口々に「かっこいいよねー」と。絵も描けるし、歌もできて、お芝居もできて、性格もよくて、揃いすぎだよね、と。そこで私は「足でも臭ければいいのにね」と言ったの。洸平くんもいるのに（笑）。

松下　あはは（笑）。
木村　失礼な人だと思われたかなと思いつつ、洸平くんは冗談を許してくれそうな空気を持っているから大丈夫かな、と。
松下　（笑）。全然、イジってもらえてうれしいですよ。
　僕は、常に自然体でいたいとは思っていて。最近は、年齢を重ねてきて、年下の俳優さんと一緒になる機会も増えましたが、「俺についてこい」的なスタイルや先輩面なんて性格的に絶対できないから、むしろ友達感覚で接してくれたほうがうれしいです。
　ＴＢＳ系ドラマ「アトムの童」（２０２２年）でも共演の山﨑賢人くんに「気を使わないでね」とお願いしていました。
木村　友達の役だしね。そのほうがうまくいきそうだね。
松下　最初は「いやいやいや」とか言ってくれてましたが、最近はその辺の兄ちゃんくらいの扱いをしてくれる。

木村　あはは（笑）。

松下　それがすごくうれしくて。そのほうがきっと絶対に楽しいし、自分の性分に合っています。

木村　洸平くんは歌もやってらっしゃるじゃない。私はミュージカルをやっていたけど、歌に苦手意識があって、生まれ変わったら絶対に歌のうまい人になりたいとずっと思ってるの。

松下　今世は、もういいんですか？

木村　うん、来世でいい。今世はもうあきらめた（笑）。

洸平くんの歌はすごくドラマチックで、キュンとする歌詞で、聴く人を励ますことができる。ドラマを観ている人に歌を教えてくれるし、歌が好きな人をドラマの世界に連れていってもくれる。洸平くんは、みんなの世界を広げてあげられる存在だと思う。

松下　うれしいなー、ありがとうございます。誰かを励ますって難しいですよね。自分の言葉で歌を作っていますが、直接的すぎると逆に重荷になってしまう時もあるだろうから、そこはすごく気を付けるようにしています。

木村　洸平くんのお芝居や歌からは、すごく一生懸命でひたむきな人柄と生き方がだだ漏れてるね。

松下　ただ漏れる、って（笑）。

木村　役者は、だだ漏れちゃうのよ（笑）。観ている人がどんな性格なのかが、なんとなくわかる。だからこそ怖いし、どう生きるかが大切になってくる。20代は若さや美しさで走れるけど、30代で外見で勝負できなくなった時には、内面を磨くしかない。洸平くんのお芝居や歌からは、人間らしさや弱さが見えて、だから私は、この人いいなと思えた。

松下　弱さもちゃんと出していかなければいけないんだな、と僕も思います。パーフェクトな人なんていないですしね。これまで、たくさん怒られてきましたか？

木村　うん。私が20代だった当時は、フィルム時代の最後の頃で、現場は男性社会でもあったから、みんな本当にすごく怖かった。今だとコンプライアンスにひっかかるようなこともたくさんあったし、照明さんから「ここに照明当ててるんだから、ここに倒れこんでこい！」と言われたり。誰もが職人としての気概を持ってやっていた時代だった。

松下　皆さんがプロフェッショナルなんですね。

木村　それぞれ自分のポジションにプライドを持っているから、助監督が監督に怒鳴るような場面もあったけど、それがかっこよかった。いいものを作るために誰もが魂を削っている。そんな怖いくらいの現場に入ることを経験できたことはよかったと思う。

松下　僕も20代の頃は怒られた記憶しかないくらいですが、今思うと本当にありがたかったなと思います。

木村　年を重ねると怒られなくなって、それが不安になるね。

松下　わかります。たまに怒られたくなることすらあります。

木村　ある年齢から自分の価値観が決まって保守的になって、自分にとっての正しいことを貫き通したくなってくる。そこが怖いなと思ってる。役者はほめられたい、認められたいという業も強いし、いかにそうならないように年を重ねていくかが課題だなと思う。

松下　常に自分を客観的にみて、自問自答していくしかないんでしょうか？

木村　そうだね。役者はラッキーなことに、役と向き合いながら、自問自答する時間が長い。年齢を重ねながら、自分の醜い部分、怒り、憎しみ、悲しみ、弱さなど本来は見たくないものと向き合っていけたらいいなと思ってるよ。

それで、どうなの？洸平くんは、結婚とか

木村　洸平くんは歌手として役者として着実に実績を積んでいるのに、バラエティー番組「ぐるナイ」（日本テレビ系）の中の「ゴチになります！」にも出ていたのが、すごい。実は「ゴチ」は私もオファーを頂いたことがあるけれど、その時はお引き受け

できなくて。

松下　そうなんですね！

木村　忙しかったことに加えて、結婚したばかりで、家のことをやらなければということもあってゆとりがなかった。

松下　僕もすごく悩みました。周りの人たちも色々なアドバイスをくれて。でも、人と一緒にいる時間がすごく好きで、シンプルに「楽しそうだからやりたい」というのが最終的な決め手になりました。

木村　初共演したドラマ「やんごとなき一族」の時には同時に舞台もやっていて、すごく忙しいはずなのに、いつもにこにこ優しくて、素晴らしいな、と。

恋愛と仕事の
バランスが難しくなったりしない？
（木村）

わかりあえる状態で
一緒にいられたら、
きっと幸せだろうな（松下）

松下　ある時、「やんごと」の現場が終わって、早く明日にならないかな、と思ったんです。みんなとまた仕事したいなと自然に思っている自分がいました。

以前、「楽しいうちは仕事の本質がわからない」と言われたことがあります。そうだな、と思う一方で、そう思えるうちは、この渦の中で存分に楽しもうと思っています。ある日突然、嫌になる瞬間もあるかもしれないけど（笑）。

木村　（笑）。でも役者は飽きないんじゃないかな。毎回違うメンバーと仕事をするし、撮り方も違うから。

松下　この仕事をいつまでやるか、決めていますか？

木村　明確には決めてないけれど、ひとつの仕事を最後までやり通すと覚悟を決められるうちはやりたいかな。穴をあけたら迷惑をかけてしまうからね。

私は、結婚や子育てなどで、絶対的に家族を優先しなければならないタイミングを経験してきた。キャリアアップを我慢するような時期を経ての今は、芝居が楽しくて、できる限り続けたいと思ってる。

松下　そうなんですね。

木村　いつも満足できる芝居ができるわけじゃないけれど、これが仕事にできていることは幸せだなと思う。

それで、どうなの？　洸平くんは、結婚とか。この対談で、これまでの皆さんは、ここに触れてこなかったでしょ？　ちゃんと聞いておこう（笑）。

松下　（笑）。いつかは結婚して家庭を持ちたいと思ってはいます。結婚は大きな目標のひとつで、現実的に考えているタイプだと思います。

木村　恋愛と仕事のバランスが難しくなったりしない？

松下　僕、不器用なんですよね（笑）。

今は、ありがたいことにお仕事をたくさんやらせていただいています。そんな中での恋愛となると、互いの理解がものすごく必要になるんじゃないかなと思うんです。だから、もしわかりあえる状態で一緒にいられたら、きっと幸せだろうなとは思います。

木村　そうだね。

松下　恋愛も舞台やドラマの現場と同じで、自分ひとりだけで何かをやっているという感覚ではなく、支え合いながら隣にいてくれる人がいることは幸せなんだろうなと思います。その延長線上に結婚や子育てがあるとすると、勝手な想像ですけど、すごく楽しそう。「ゴチ」の時と一緒です（笑）。

木村　（笑）。楽しそうと思ったらいくんだね。

松下　はい。誰かと一緒に暮らすということは、きっと大変な状況もたくさんあると思いますが、一度だけの自分の人生、余すことなくいっぱい色々な経験ができたらいいな、と思いますね。

木村　うん、わかる。

松下　先日、山﨑努さんとご一緒する機会がありました。86歳ですが、現役バリバリで、自分が86歳になった時に、ここまでできるのかなと考えさせられました。

同時に長くできる仕事だとも思ったので、メンタルや体力が続く限り、俳優業をしたいと思っています。

また多江さんと一緒にやりたいな。どんな役がやりたいですか？

木村　みんなは悪い洸平くんを観たいと思うのよね。でも、ヤクザだとチンピラ系になっちゃう。まだヤクザにはなれないんだよね（笑）。

松下　あはは（笑）。

木村　政治家は似合っちゃうし、結婚詐欺師も想像できるし……。本当に悪さ全開の役をしてほしいな。

松下　一緒にお願いします！

木村　どう私が絡むのかな？（笑）

松下　悪党集団のボスじゃないですか？（笑）

木村　それ、いいね（笑）。

ひたむきで一生懸命な洸平くんにキュンキュンしたいけど、悪い洸平くんに騙されてもみたいという人を増やしていきましょう。

松下　（笑）。今日はいいお話がたくさん聞けました。長時間ありがとうございました！

［2022年11月収録］

鮮やかで優しい色

昨日の現場で「明日はアエラの対談で、ゲストは木村多江さんです」と話したら、そこにいたみんなが「あぁ、多江さん」と親しみを込めて言っていました。これは昨日の現場に限らず、どこでもそうです。多江さんに会いたい人がいっぱいいる。とってもふんわり優しくて、温かい人だからでしょうね。

一方で、心の中にはメラメラと熱い部分もお持ちです。今日、深いところまでお話をお聞きして、改めてそう感じました。これは、キャリアを重ねた俳優さんはみんなそうなのかもしれませんね。この連載でお話しした井浦新さんや林遣都くんもそうでしたから。ふわっとした空気をまといながらも、皆さん芯が強くて熱い。

「やんごと」の現場で、休憩時間に二人でイスに座って30分くらいじっくりお話しする機会がありました。話したのは、互いに今、とにかく現場が楽しいということでした。

多江さんは、ご結婚されていて、ご家族や家事などたくさんのことをこなしながら、お芝居をされている。すごいですよね。あふれるエネルギーが伝わってくるし、だからこそ今が楽しいというのもよくわかります。

僕も今、忙しさはありますが、本当に楽しいです。もちろん、楽しいばかりではなく、生みの苦しみがつきまとうので、締め切りとは毎回闘っていますが、クリエイトするという行為はいつもとても楽しく、日々が充実しています。新年は悪い役をやりたいですね。多江さんにも言われましたが、僕自身も是非やってみたいと思っています。どこかで実現するといいですね。

きむら・たえ／1971年生まれ、東京都出身。2008年公開の初主演映画「ぐるりのこと。」で多数の映画賞を受賞。以降、ドラマ・映画・舞台等幅広く活躍する

Guest

7

太田快作

獣医師

子どもの頃、実家には常に数匹の犬や猫がいました。みんな母が拾ってきた身よりのない子たち。身近にあった動物の里親や殺処分問題について教えてもらいたくて、太田先生に会いに行きました。

いつかお会いしたいなと勝手に思っていました

松下　はじめまして。よろしくお願いします！

太田　よろしくお願いします。今回ご連絡をいただいて、なぜ私を選んでいただいたのかわからず、驚きました（笑）。

松下　実は僕が太田先生のことを初めて知ったのはフジテレビ系ドキュメンタリー番組の「ザ・ノンフィクション」なんです。僕はこの番組が大好きで毎週録画しているのですが、太田先生が登場された放送を拝見して、なんて素敵な人なんだろう、と思い、すごく印象に残っていて。

太田　いえいえ、そう撮っていただいただけです。

松下　動物の殺処分ゼロに取り組まれている姿勢や、ご自身が飼われていた保護犬の花子に対する愛情の深さに感銘を受けました。いつかお会いしたいなと勝手に思っていて。番組の放送があったのは、２年半くらい前ですよね？

太田　そうですね。２０２０年５月です。ちょうどコロナの頃でした。

松下　昨年７月からＡＥＲＡで対談をやらせていただいて、芸能界の方とお会いすることが多かったのですが、編集部の方から「全くの異業種の方はどうですか？」と。スポーツ選手などいろいろ候補をあげていただく中で、「あ！」と。

Guest 7　太田快作

太田　よくそこで私の名前が出ましたね（笑）。

松下　殺処分の実態についてお話を伺いたいと思ったことと、その実態を多くの人に知ってもらえたらと。お会いできて光栄です。

太田　こちらこそ、ありがとうございます。

松下　僕は、子どもの頃から動物がすごく好きで、触れ合う機会が多くありました。でも、僕以上に好きなのがうちの母です。まあ、とにかくよく拾ってきちゃうんです。

太田　普通、逆ですよね（笑）。

松下　そうなんです（笑）。僕の実家は東京・八王子で、今はわかりませんが、子どもの頃は野良犬や野良猫が多い地域でした。車で出かけると、車道にピュッと出てくるなんてことがよくありました。その時、いてもたってもいられなくなるのは、僕よりも母で。車を停めて「捜しにいくよ！」って。

太田　かっこいいですね、素敵なお母さんですね。

松下　草むらに分け入ってまで捜してましたね。無事に見つけることができたら家に連れて帰り、ケガしていたら、病院へ。治療が終わったら、里親を探すところまで一生懸命にやる母の姿を見て育ちました。

太田　へー、20年以上前ですよね。そんな時から……。

松下　はい。我が家には常に数匹の犬や猫がいて、みんな身寄りのない子ばかりでした。

初めて飼った猫も捨て猫で。子猫の時に、車にひかれたのか足をケガした状態で道端でうずくまっていたところを拾ってきました。そこから14歳（人間の70代に相当）くらいまで生きてくれました。

太田　愛しい思い出ですね。

松下　そうですね。いつだったか、僕が中学生くらいの時に、ある日学校から帰ってきたら玄関に知らない犬がいるんですよ。またか、と。

太田　（笑）。

松下　母に「どうしたの？」と聞いたら、「迷子でキャンキャン鳴いてたから」と。その時、家には猫の他にすでに2匹の犬がいたのですが、母は「引き

獣医師になられたのは、殺処分ゼロのためなんですね（松下）

取り手が見つかるまではうちで飼いたい」と言って譲りませんでした。

太田　本当に逆ですね（笑）。お母さんが子どもに許しを請うわけですね。

松下　そうです（笑）。「ふーっ」と思いながらも、実家の小さな庭に新たに犬小屋をおいて、飼い始めました。

ガリガリに痩せていたので、まん丸に太るくらい健康的に育ってほしいという願いを込めて名前は「マル」。かわいがっていたのですが、ある夜、大きな台風が来たので家の中に入れようとしたら、すでにいなくなっていました。どうやら雷の音が怖くて自分で逃げてしまったようでした。

「捜しています」と書いた貼り紙を作って、あちこちに貼りました。一生懸命に捜しましたが、見つからない。その時に、母が保健所のホームページをチェックし始めました。保護された犬が載っていると教えてくれて、その時初めて保健所のことを知りました。

太田　そんなきっかけがあったんですね。

松下　はい。毎日毎日、ホームページを見て、マルを捜しましたが、載ってない。2週間くらいしてから、自分たちの住んでいるエリアだけではなく隣町も見てみようと。でも、いない。諦めかける中、母が武蔵野市の保健所のホームページを見たら、そこにマルがいました。

太田　ああ、よかったですね。ちょっと遅れていたら、もう間に合わなかったかもしれないですしね。

松下　そうですね。ちょうど僕は1階でテレビを観ていた時で、2階の部屋でパソコンを開いていた母が「いたー!!」と大声で叫んでいたことを覚えています（笑）。

自宅から武蔵野市までは車で40分ほど。母も「さすがにいないだろう」と思っていたようです。でも、引き取りに行った保健所で、檻の中にいるワンちゃんたちを見て、なんとも言えない気持ちになりました。

太田　殺処分については、まずは知ってもらわないとダメだと思っています。こうして貴重な機会を作っていただき、うれしいです。

仲間を増やしたくて周囲に声をかけたのが「犬部」の始まり（太田）

ただ動物が好きで、殺されたくないという一心でした

松下　先生は子どもの頃から犬が好きだったのですか？

太田　動物全般が好きでした。でも、幼い頃はマンション暮らしで、飼えなくて。自宅で魚や虫の世話をしていました。虫捕りはよく行きましたね。犬を飼い始めたのは中学生の時です。

松下　獣医師を目指すきっかけは、何だったのですか？

太田　もともとは、学者になろうと思っていました。ノーベル賞を取りたい、と。研究分野は全く考えていませんでしたが、勉強は好きなので、寝食を忘れて研究に没頭して、「あ。朝だ」という生活に憧れがありました。

松下　へー、すごい！

太田　好きな生物を生かせる進路をいろいろ調べてみたら、獣医学部が一番幅広い分野を学べることに気づきました。獣医学部から医学部の大学院などに進む人もいますし、まずは獣医を目指そう、と。青森県の北里大学獣医畜産学部に進学しました。

松下　そこで、花子に出会われたんですか？

太田　そうです。一人暮らしでしたが、犬を飼いたいと思って訪ねた保健所で出会いました。花子と名付けたのは、実家の犬の名前が太郎だったから（笑）。単純な理由です。連れて帰って一緒に暮らすうちに、出会えた奇跡を感じるようになって。保健所では毎日のように殺処分が行われています。1日ずれたら出会えなかったかもしれません。

松下　そうですね。

太田　檻に入れられ、殺処分される犬と、自分のそばで寝転がっている花子の何が違うんだろう、と。どの子も飼い主のそばで安心して暮らせたかもしれないのに、何らかのきっかけではぐれてしまって、殺されてしまう。その事実に愕然としました。

松下　それで「犬部」の活動を始められたのですね。

太田　はい。初めは自分一人で、野良猫や徘徊している迷い犬を見かけたら自宅に連れて帰っていただけでした。動物愛護活動とまでは考えてなかったです。ただ動物が好きで、殺されたくないという一心でした。部屋が動物でいっぱいになって、新しい子たちを迎えられなくなった頃から里親募集を始めました。仲間を増やしたくて周囲に声をかけたのが「犬部」の始まりです。

松下　活動を続けていかれる中で、どんなことを考えてらっしゃったんですか？

太田　だんだん問題意識が育ってきました。やっぱり、どう考えてもおかしいじゃないですか。動物たちは何か悪いことをしたわけじゃないのに、飼い主がいないというだけで殺されている。動物好きの自分が、それを「仕方ない」と言いながら、自分の夢を追うのは筋が通らない。学者の道は後回しにして、まずは殺処分ゼロを目指そう、と。

松下　獣医師になられたのは、殺処分ゼロのためなんですね。

太田　そうです。臨床獣医師になれば不妊去勢手術ができ、それによって繁殖を防ぐことができますから。

松下　太田先生は保護動物の不妊去勢手術を低料金もしくは無償でやられているんですよね？　命を救うために率先して執刀されていて、本当に尊敬します。

太田　そんなそんな。不妊去勢費用の平均的な価格は約3万円です。自分の飼っている動物なら当然払うでしょうが、捨てられた犬や猫に普通は個人でそんな何十万も払えないですよね。でも、それをボランティアで何匹もやってくれている人がいるわけです。そんな人たちから、普段は動物のおかげで生活している僕ら獣医師が利益をもらったら、ダサすぎる。ボランティアの方に対しての不妊去勢費用の低料金化・無償化は当たり前の話で、自分の時間を割いて保護してくれたことに対して、手間賃を払わなければならないくらいだと思っています。

松下　太田先生の想いが伝わってきます。多くの動物たちと接してこられた中でも、やはり最初に保健所からやってきた花子の存在は大きかったですか？

太田　花子は本当に……。（数秒だまって）3年前に老衰で亡くなるまで、18年間ずっとそばにいてくれて、まさに僕の一部でした。彼女からもらったものは無限にあるのですが、それが何かと聞かれるとわからなくて。例えば右手を失ったからといって、右手からもらったものってわからないじゃないですか。それと同じです。

松下　僕も実家で犬を飼っていました。ブリーダーさんから譲り受けた柴犬で、17歳まで生きてくれました。太田先生にとっての花子のように、僕にとっては、いて当たり前の存在でした。

太田　彼らは、絶対にそばにいてくれます。人と人には、出会いと別れがありますが、動物たちは自分さえ手放さなければ、ずっとそこにいてくれる。そこに甘えてしまうこともありますが、本当にありがたくて、かけがえのない存在ですよね。

松下　はい。家族にも、友達にも誰にも言えない秘密も、犬や猫には話せます（笑）。20代の頃、仕事

母は「犬と猫が待っている」と
速攻で帰っちゃうんです（松下）

松下さんのお母さんのような
ボランティアの方々のおかげで
日本の殺処分は激減しています（太田）

が思うようにいかなかったり、悔しいことがあったりすると実家に帰って彼らに触れていました。言葉を交わすわけではないですが、黙って聞いてくれていて、想いを共有できた気がしていました。

太田　そうですね、疑わずに一緒にいられる信頼感と安心感があって幸せですよね。たまに「犬がしゃべれたらいいのに」と言う人がいますけど、僕はしゃべるとおしまいだと思っています。僕のすべてを知っていますからね。話し出したら、やめろーって言いますね（笑）。

松下　あはは（笑）。そうかもしれませんね。

最後の一匹まで救わなければ意味がないと思っています

松下　僕の東京・八王子の実家には常に犬と猫が数匹います。どの子も母が拾ってきて、自費で去勢手術をしています。飼い主募集はしていますが、すぐに見つからないこともあるので、僕は「ダメだよ、これ以上増やさないで」と言ってます（笑）。

太田　素敵なお母さんですね。

松下　母の犬と猫たちへの愛情の深さはというと、例えば、僕が渋谷で舞台をやると、八王子から1時間以上かけて観に来てくれる。終わってから「ちょっとお茶でもしようよ」と誘うと、「いや、犬と猫が待っているから帰る」と言って、息子の誘いを断って速攻で帰っちゃう（笑）。

太田　へー。そうなんですね。

松下　大阪など地方のライブを観に来てくれる時は、ちょっとだけいいところに泊まって少しはのんびりしてほしいという気持ちで、僕が宿泊先のホテルを選んで予約しておくのですが、母はたいてい「始発で帰る」と言い出します（笑）。

太田　（笑）。

松下　美味しい朝食もついてるから、お昼くらいまでゆっくりすればいいのに、と思いますが、母は「犬と猫にご飯あげなきゃいけないから」と。

太田　松下さんのお母さんのようなボランティアの

方々のおかげで、日本の殺処分は激減しています。環境省によると20年度の殺処分数は、犬４０５９匹、猫１万９７０５匹で合計２万３７６４匹です。20年前の00年は、犬は約25万６千匹、猫は約27万４千匹で合計53万匹にのぼりました。

松下　そうなんですね！

太田　00年度は保健所が引き取った犬と猫のうち実に95・１％が殺処分されていましたが、20年度は32・８％。譲渡数と返還数が増えています。これは、行政や獣医師の力ではなく、民間のボランティアの皆さんが必死にがんばってこられた結果です。

松下　太田先生をはじめとする獣医師の先生方の努力もあったと思います。

太田　いえいえ。僕ら獣医師の力なんて、本当に微々たるものです。民間の力でここまで減らすことができた国は、世界を見渡しても他にありません。ちょっと情報が古いかもしれませんが、ドイツは「殺処分ゼロ」なんて言ってますが、野良犬や野良猫は狩猟対象なので、銃で撃たれています。それは殺処分数には入っていません。欧米では犬の死亡理由の１位が安楽死です。吠えたり噛んだりなどの問題行動があったり、看病に時間がかかるような重い病気にかかったりすると、病院で安楽死を選択する飼い主も少なくないのですが、それは病院での死亡だから、殺処分数に入っていません。そして、アニマルポリスやアニマルシェルターなどがあり、動物愛護先進国のような印象のあるアメリカの年間の殺処分数は、約７００万匹とされています。日本の約３００倍です。

松下　えー……。それが実態なんですね。

太田　日本のボランティアの方々の力はすさまじいんです。しかしそうは言っても、日本の殺処分はまだゼロではありません。減ったからと言って喜んでいる場合ではありません。最後の一匹まで救わなければ意味がないと思っています。日本には１億人も人がいるので、みんなが心から自分ごとだと思えば、明日には「ゼロ」にできます。

松下　（病院のドアが開いて）あ、ワンちゃんが来た！

太田　患者さんです。散歩中に寄ってくれました。

松下　なんと！　病院に来たがるなんて珍しい。普通、嫌でしょ（笑）。ここにいたいの？

太田　今日の診察はおしまいですよ。ばいばい、またね。

松下　（笑）。こんなことがあるんですね。面白い。

太田　あの犬も保護犬でした。保護犬という言葉が市民権を得て、犬を飼う時の選択肢に入るようになったと感じています。ひと昔前は、保健所に行くことはハードルが高かったですが、最近は気軽になりましたね。

松下　さっきの飼い主のお父さんも楽しそうでしたね。先ほど、病院内を拝見しました。今いるワンちゃんたちは譲渡会に出して飼い主を探すのですか？

太田　最近は人手不足で譲渡会があまり開催できず、主にインターネットで里親募集をしています。

松下　この病院のサイトに載せてらっしゃるのですか？

太田　里親募集サイトがあって、そこに病院として登録し、順次更新しています。

松下　なるほど。サイトを見て、飼ってみたいと思えば、会いに行けばいいんですね。

太田　はい。気に入ってもらえたら、数週間のトライアルを経て、問題なければ正式に譲渡します。

松下　獣医師としてお仕事しながら、飼い主さんのケアもされているというのが、本当にすごいですよ。太田先生にメディアが注目し、21年、「犬部！」という映画にもなりましたよね。僕は殺処分のことは実体験もあって知ってはいましたが、映画を観て改めてなんとかしなければと考えさせられました。太田先生を演じたのは、林遣都くんでした。

太田　林遣都さんには何度かお会いしましたが、不思議な人でした。本番になるとバーッとオーラが出るのですが、普段はぜんぜん偉ぶらなくて、芸能人ぽくないというか。

松下　（笑）。映画には太田先生も出てらっしゃいましたよね？

太田　ええ、プロデューサーにツーショットがほしいとお願いされまして。映画にしていただき、関心が高まることはありがたいことです。素直にうれしいですし、夢が持てます。

動物と一緒に暮らさない人生はもったいない

松下　僕が幼稚園の頃の楽しみは、祖父母の家に遊びに行って、庭で飼っていた犬におやつをあげることでした。当時、炊いた白ご飯とかもあげていたのですが、大丈夫だったんでしょうか……？　今ではあまりあげないのですか？

太田　白ご飯は問題ないですよ。元は肉食動物なので、それだけではダメですけどね。昔はおおらかでしたよね。その分、寿命は短かったかもしれませんが、それが必ずしも不幸だったかというと、そうとも限りませんしね。

医療面も同じで、どんどん新しい治療法や薬が開発されるなか、僕自身、どこまでやるべきかと悩むことがあります。キリがないんです。診療台の上にいる犬や猫の顔を見ながら、「うーん、どうしようね」と。結果的に苦しい時間を延ばすことになってしまうかもしれない場合に特に悩みますね。

松下　そうなんですね。殺処分ゼロは、ぜひ達成したいですが、そのために僕がまずできることは、犬や猫と暮らす楽しさを伝えることなのかなと考えています。

太田　そうですね。「殺処分、殺処分」と言い過ぎると、なんだか暗い話題だと敬遠されてしまう場合もあります。特に日本ではタブー視するような雰囲気もあります。

松下　保護犬や保護猫を迎えることが、ひとつの命を救うと考えると、とても重いものを預かったように感じます。もちろんそう思うことも大事ですが、同時にこの子と一緒に楽しい時間を過ごし、幸せをもらえると考えてもいいのかなと思います。

太田　はい。かわいそうだから、という理由で飼う

Guest 7　太田快作

のではなく、選択肢のひとつとして保護犬や保護猫がいるという認識でいいと思います。

ただ、彼らは正確な年齢もわからないし、保護されるまではストレスのかかる劣悪な環境に置かれていた場合も多いです。そのため、新しい飼い主さんに譲渡された後に、重い病気になってしまうこともあります。元気だった子が譲渡された半年後に亡くなってしまうようなこともありました。

松下　僕の実家にも半身不随で歩けない猫がいたことがあります。自分で排泄ができないから、母が毎朝毎晩、おなかをさすってました。点滴も毎日でしたね。母がすごいのは、大工さんを呼んで、その猫のために自宅の壁に穴をあけて小さなサンルームを造ってしまったことです。

太田　外に出られない猫のために、四方が見えるようにしたんですね。それはすごい。

松下　愛にあふれていました。保護犬や保護猫は一緒にいられる時間は短いかもしれない。でも、時間じゃないですよね？

太田　そうです。もちろん少しでも長く一緒にいたいし、別れはとてもつらいものです。でも、ともに過ごした時間には、その長さにかかわらず無限の意味があります。飼い主に会えたからこそ、その子は最期まで幸せに生きることができたのだと思います。

松下　花子が亡くなって、新たに飼われてはいないのですか？

太田　花子の次は……。僕自身があまりいい飼い主ではないので、飼う自信がなくて。一人暮らしなので、昼間は病院に連れてきますが、忙しいから放置してしまいますし、散歩も夜に少しするくらいで。花子にはお願いして付き合ってもらいましたが、今はもう少し生活に余裕が出てから、と思っています。

松下　そうなんですね。

太田　と言いつつ、今は保護犬を自宅に1匹連れて帰っています。ロビンっていうものすごくかわいいトイプードルで、癒やされています。ただ、噛むんですよね（笑）。

松下　もしかして、太田先生の腕にあるその傷は治療中にできた傷ですか？

太田 そうです。流血くらいはよくありますね。今のところ、致命傷はないですが（笑）。

松下 致命傷って（笑）。

太田 傷つけるということは、僕を怖がっていたわけで、つまり怖がらせてしまったということです。傷つけた方も心が傷つきますし、避けたいんですけどね。骨折したこともありますよ。

松下 えー！ 骨折？

太田 噛まれた指がどうもおかしいと思って、自分で自分の指をレントゲンで撮ってみたら、折れてました。噛まれたら後遺症に気を付けなければなりませんが、幸い今のところ大事には至っておらず、大丈夫です。

松下 太田先生は、目標とされている殺処分ゼロが達成できたら、その先にはどんな夢をお持ちなんですか？

太田 ゼロが達成できても、それを続けることが重要です。そのために、若い医師を雇い、育てたいという思いがあります。そのためには診察室が二つほしいので、もう少し広いところへ移転したいと思っています。でも、別に病院を大きくしたいという欲はなくて（笑）。生まれ育ったこの地域で獣医師を続けることができれば、それで十分に幸せです。

僕は花子と暮らした日々が、本当に楽しく幸せだったので、誰しもに動物を飼ってほしいと思っています。動物と一緒に暮らさない人生はもったいない。愛情があれば、誰でも飼うことができますから。

松下 動物を飼うことに少しでも興味を持っていただいた方がいれば、ぜひ里親募集サイトをのぞいてみてほしいですね。

太田 そうですね、気楽にね。

松下 今日は貴重なお話を聞かせていただき、ありがとうございました。

太田 こちらこそ、ありがとうございました。また、どこかで。いつかお母さんにもお会いしたいですね。

［2022年12月収録］

花子みたいな白

太田先生は、テレビや映画で拝見していた印象そのままの方でした。優しくて、謙虚。決して多くをお話しになる方ではないですが、一言ひとことに、動物への深い愛情が乗っているように感じました。私利私欲は一切なくて、本当に心から動物が好きな方なんだと思います。

抱っこさせていただいた犬や対談中に突然、訪ねてきた犬。どちらも本当にかわいかった。太田先生と彼らの間にある絆のようなものを感じました。

ボランティアの方に対する感謝の気持ちを何度も口にされたことも印象的でした。僕の母は、犬や猫を拾ってきては、病院に連れていき、世話をするということを長年続けているので、太田先生の思いを聞いたら喜んでくれると思います。

花子の話をされている時、言葉に詰まって、涙しそうな目をされていました。先生の今があるのは、花子がいたから。太田先生にとって花子は人生を変えてくれた存在で、先生自身が花子色に染まっているような気がしました。

病気を治療し、命を救うという獣医師の使命感に加えて、もうひとつの命題を強く持たれていて、殺処分の問題を含めて、動物愛護への気持ちは人一倍お強いのだと感じました。動物たちが置かれている現状を詳しく教えてくださり、本当に勉強にもなりました。

僕も少しでも動物たちを取り巻く状況が良くなるよう、自分ができることを考えこれからやっていこうと思います。

おおた・かいさく／1979年生まれ、東京都出身。北里大学卒業後、数カ所の病院勤務を経て2011年12月、杉並区にハナ動物病院を開業。21年公開の映画「犬部！」のモデルになった

Guest

8

新納慎也

俳優

公私ともに僕をよく知っている新納さんがゲストです。
良い意味でくだけた雰囲気の対談で、新納さんだからこそ語れる話が本当におかしくて、僕もスタッフもみんな大笑いでした。

「洸平です！　洸平です！」と200万回くらい言ってた（笑）

松下　よろしくお願いします！　新納さんは、僕が20代の頃からお世話になってきた方です。

新納　いや、お世話はしてないけどね。

松下　今日は、変なことを言わないでっていう（笑）。

新納　あはは（笑）。

松下　初めてお会いした時、僕は22歳でした。

新納　赤坂ACTシアターの楽屋やったね。僕が三谷幸喜さん演出の舞台「TALK　LIKE　SINGING」に出た時だね。2009年から10年にかけての舞台だから、約13年前だ。

松下　そうですね。僕は歌手としてデビューしたのですが、ご縁があって初舞台を踏ませてもらってから、舞台やミュージカルをやりたいなと思っていた時期で。けれど、そんなすぐに仕事をいただけるわけもなく、どこかにチャンスが転がってないかなとやきもきしていた頃でした。ちょうどその時、若手俳優がいろんな人に会って取材をするというweb系の企画があり、伊礼彼方さんが担当されていたので、ひよこひよこ後ろをくっついていきました。

新納　そうそう。伊礼彼方が僕を取材に来る時に、洸平がくっついてきた。そんなこと普通ないからね。取材する人の友達がやってくるなんて（笑）。

Guest 8

新納慎也

松下　ないですね（笑）。

新納　しかも「洸平です！　洸平です！」と20万回くらい言ってた（笑）。その名前をめちゃくちゃインプットされたんだよね。「僕ミュージカルやりたいんです！」とも言ってたけど、それを一役者の僕に言われても「知らんがな」と（笑）。だって、そんな権限ないもん。「がんばってね」と軽く返すしかなかった。

松下　そうでした、覚えてます。

新納　自分の名前を連呼していた謎の若い男の子で、どうやらまだ俳優ではなさそうだ、というのが第一印象かな。

松下　はい。まさに、これから俳優としてやっていきたいというタイミングでしたね。第一線で活躍されている方にお会いできる貴重な機会だったので、とりあえず名前だけでも覚えてもらおうと思ってました。その後、11年のミュージカル「スリル・ミー」でご一緒することになるのですが、その前に1回だけご飯行ったのを覚えてますか？

新納　東日本大震災の時やね？　覚えてる。僕が出ていた舞台「ウェディング・シンガー」を観にきてくれて、その後、日比谷で食事したね。3月11日から1週間も経っていなくて、まだ余震があった。

松下　そうです。本番中も揺れたんですよね。

新納　会場は約600人入るシアタークリエ。チケットはもちろん売れているけど、客席はまばらだった。それでも、「こんな時こそ劇場を開けなきゃいけない」という判断だった。そんな中、また「洸平です！　洸平です！」と言っている人が現れたわけです（笑）。

松下　そうでした。あの日、まだ危険な状態の中で本番をやられている姿を観させてもらい、感動しました。そして、3回目にお会いしたのが「スリル・ミー」のポスター撮影でした。

新納　そうそう。「スリル・ミー」は二人芝居で、僕は田代万里生と、洸平は柿澤勇人と組んでのダブルキャスト。僕らが先に撮影が終わって、メイク中だった若いチームをのぞきに行った。遠巻きに見て、

洸平の透明感!
こいつ、腹立つなー
と思ってみてる(笑)(新納)

スタッフさんに「どっちが松下洸平ですか? 僕、会ったことがあって、お久しぶりと言わなあかんねん」と聞いたことを覚えてる。

松下 ちょっと!(笑)。2回も会ってるのに。

新納 あはは(笑)。二人の区別がつかなくて。連呼してたから名前は覚えてたけどね。

松下 (笑)。新納さんと田代さんは先輩のペアで、お二人の芝居を見て学ぶ日々でした。演出の栗山民也さんは、たいてい新納さんたちに稽古をつけて、僕らの芝居は見ずに帰ってしまう。だから早くから稽古場に入って、新納さんたちの稽古をノートに必死でメモしていました。

新納 洸平とは当時、帰り道が一緒やったこともあって、よくご飯を食べに行ったな。

松下 そうでした。「スリル・ミー」では、僕は「私」役、新納さんは「彼」役だったので、それぞれ相手役の立場からお互いの芝居について話せました。

新納 そうだね。あまりに話し込み過ぎて、途中から、もしかしたら洸平とのほうがペアリングが合うんじゃないかなと思ったこともある。でも、その話を周囲にしたら、僕ら二人はわりとウェットな芝居をするタイプで、一方、それぞれの相手方はドライな芝居をする。ウェットとウェットが組むと、もう見てらんないと言われた(笑)。

松下 愛憎劇ですから、新納さんと僕が組むと、泣きながらやっちゃうんじゃないかなと。

新納 うん。100分で終わらなきゃいけないところが、たぶん120分かかる(笑)。

松下 あの頃から、芝居に対する考え方や、ミュー

新納さんからずばずば言われると気持ちいい（笑）（松下）

ジカルの世界や演劇について、いろいろ教えていただきました。

新納　教えたというか……。愚痴ってたくらいやけど（笑）。

松下　新納さん、お酒を飲まないじゃないですか。

新納　うん、僕こう見えて飲めないからね。

松下　ご飯食べて、喫茶店で珈琲飲みながら7、8時間延々としゃべるのがいつものパターン。仕事のこともプライベートのことも何でも話してきました。

新納　それが13年続いているわけか。早いもんだね。

有言実行で自分の道を切り拓いていく姿勢が一貫している

新納　洸平は若い頃、オーディションキラーだったよね。

松下　そんなんじゃないですよ。

新納　武器は、この透明感！「真っ白です。あなた色に染まります」という顔してるからね。そんな顔で今もCMとかに出てるでしょ。「こいつ、腹立つなー」と思って見てる（笑）。文字になるから、具体的には控えますけど。

松下　あはは（笑）。

新納　今日も、スタイリストさんと衣装を決める時に、洸平の衣装を見せてもらったら、白ベースのさっぱりした感じで。顔の部品が僕より1個少ないような爽やかな人が白を着てる横で、僕がオレンジとか着ると毒々しすぎるから、「できるだけ爽やかで！」とお願いしたよ（笑）。

松下　新納さんからずばずば言われると、気持ちいいです（笑）。僕が20代の時のソロライブに、新納さんがサプライズゲストで出てくださったことがありました。一緒に1曲歌ったんですが、その時のMCが散々で。「自分のことかわいいと思ってるんやろ」って言われました（笑）。

新納　だって、すごいかわいい子ぶってたから（笑）。

松下　かわいいのかもしれないじゃないですか（笑）。

新納　（笑）。おっさん何言ってるねん。

松下　35歳がね（笑）。

新納　最近のテレビのインタビューなんかでも、めっちゃかわいい子ぶってるやん。独特のニ[illegible]であるこね、トークの。

松下　ないです、ないです。これ以上しゃべってたら、いらんこと言われそう（笑）。

新納　（笑）。僕は、いろんなところで洸平の話をしてるよ。

松下　え、うれしい！　そうなんですか？

新納　うん。いつも言うのは、松下洸平っていうのはね、「洸平です！　洸平です！　覚えてください！」と自分の名前を連呼しながら僕の前に登場した13年前から、ある意味で全く変わっていないということ。

「ミュージカルしたいです！」と言っているうちに、僕と別チームで共演した「スリル・ミー」に出る。その次は、「お芝居がしたいです！」と言いだして、栗山民也さんの舞台に抜擢される。そこで実績をあげて、今度は「映像がやりたい」と言って、テレビの世界に入っていく。有言実行で、自分の道を切り拓いていく姿勢が一貫している。

さらには「人気者になりたいんです」とはっきり言って、実際に人気者になっていく。「人気者になりたい」と自分で言える勇気ってなかなかないんだよね。本当にすごいな、と思うよ。

松下　そんな風に言っていただいて、うれしいです。

新納　プロデューサーたちだけではなく、僕にまで言ってたからね（笑）。しかも、嫌味なく言う。

松下　僕は、いつも口に出してはきましたが、そこに確証は常になくて。こうなりたいと話すことで、自分自身を洗脳して、奮い立たせてきたような気がします。それは今でも変わらないですね。言われる方は「知らんがな」でしょうけど（笑）。

新納　（笑）。ひとつの夢がかなったら、新たな世界に目を向けるフットワークの軽さに、いつも驚かされてきた。洸平の変化と成長の過程をずっと見てきたから、親心に近い感覚もあるよ。

松下　ありがとうございます。ただ、「ここはチャンスだ」と思う瞬間を全部モノにできたわけじゃなくて、逃してしまうこともたくさんありました。

新納　うん、そうだね。チャンスをつかんだ瞬間も知ってるけど、逃してしまって落ち込んでいる姿も見てきた。

松下　そういう時はものすごく悩んだし、自分の想いとは違う結果になってしまうことも多々ありました。腐ってしまいそうな時に、新納さんとカフェで何時間も話すことで、すっきりしたことが何度もありました。

新納　気持ちはすごくよくわかった。役者あるあるだよね。僕らがいるのは、努力が報われる世界じゃないから。

松下　本当にそうですね。

新納　努力しても、使ってもらえないと意味がない。そして、どれだけ男前でも、どれだけうまくても、仕事がない人はない。「役者は待つのが仕事」とよく言われるのは、「撮影の待ち時間が長い」という意味に加えて、「仕事が来るのを待つ」ということでもある。とはいえ、ただ待っている時は、自分の存在価値がわからなくなる。みんなが抱える不安で、洸平から相談されても解決策がないから、見守るだけだった。言えることは「俺も不安！」ということだけ。

松下　僕がこういう状況で悩んでます、と相談したら「俺もやねん」と言ってましたよね。いやいや僕が相談してるんですよ、と（笑）。でも、そう言ってくださることが救いでした。新納さんでも同じように悩むことがあると思うと、頑張ろうという気持ちになれました。いつも同じ目線でいてくれて、お説教なんて一度もない。僕を含めて、後輩たちからの信用は絶大です。

新納　絶大に後輩からため口でしゃべられてもいるけどね（笑）。僕は年齢の概念がなくて、20くらい年下の男の子から、20くらい上のおばさままで大親友がいる。ため口で話せるようになった時に、人と人として向き合えたと感じるな。ため口で話して、怒らせてしまう先輩もたまにいるけどね（笑）。

松下　（笑）。新納さんは本当に面白いですよね。

新納さんは本当に面白いですよね。延々としゃべってくれますし（松下）

延々としゃべってくれますし。

新納　洸平が延々としゃべってるんや。まるで「僕は聞き役です」みたいな顔してるけど。

松下　（笑）。

ひとつ別の居場所を作っておくのは大事かもしれない

新納　あっ。パンあるやん。食べていいんですか？　うれしいなー、いただきます。最初にクロワッサン

洸平が延々としゃべってるんや。まるで「僕は聞き役」みたいな顔してるけど（新納）

食べたら、バラバラバラッと散らかるな……。

松下　そうですね（笑）。

新納　でも、クロワッサン食べよ。……うん、まあまあやな。

松下　（笑）。僕のはめちゃくちゃ美味しいです。

新納　違うのも食べていいですか？　このフランスパンのサンドイッチ食べたいけど、これは差し歯が取れそうやからどうしようかな。

松下　硬そうですしね。

新納　差し歯といえば、こないだテレビで瓦せんべいの話になって、「僕の出身地の神戸名物ですね。差し歯が取れそうなくらい硬いですよね」と言ったら、瓦せんべい屋から「そんなに硬くないです」と連絡があった（笑）。

松下　（笑）。まさかＮＨＫ「あさイチ」とかで言ってないですよね？

新納　はい、「あさイチ」です（笑）。

松下　生放送で！（笑）

新納　そう。お正月に実家に帰ったら、母親が「瓦せんべいは、そんな硬ないで！」と言って、出してくれた。食べたら、確かに硬くなかった。別の何かと勘違いしてたみたい。知らんことは言うべきじゃないな。

松下　あはは（笑）。ご自宅にお菓子、ありますか？

新納　お菓子？　スナックはないよ。でもチョコレートある。

松下　最近、家にお菓子を置いておこうかなと思って、いくつか買ったんですよね。ポテチとか。

新納　ポテチ！　どのタイミングで食べるん？

松下　そうなんですよ、タイミングがないんですよ。

新納　映画とか観ながら？

松下　かなぁ、とは思ってるんですけどね。新納さんは家で海外ドラマをよく観てますよね？

新納　そうだね。海外ドラマは、日本と比べるとお金のかけ方と迫力が違う。日本のドラマはだいたい10話で完結だから、主役の話だけで終わってしまうけど、海外ドラマは30話くらいあって、さらにシーズン2、3と続いていく。群像劇として豊かで、観ていて面白い。

松下　そうですね。

新納　日本のドラマは、自分も出てるくせに、あまり観てなくて。たまに日曜日の昼間に総集編を観て、よし、だいたいわかった、と（笑）。でも、洸平が出たドラマは、全話ハードディスクに録ってるよ。NHK連続テレビ小説「スカーレット」（19年）もTBS系ドラマ「アトムの童」（22年）も。でも、まだ観てない。

松下　これは、もう観ないな……（笑）。

新納　あはは（笑）。僕は、ドラマも演劇も観る時は、その虚構の世界に入り込みたい。でも、この仕事をやっているがゆえに、洸平だけじゃなくて、知り合いが出てくることがあるでしょ。すると「この俳優より、俺の方がいいやん」とか「ホンマはそんな人ちゃうやん」とか、余計なことをいっぱい考えてしまう。

松下　（笑）。

新納　その点、海外ドラマは役者さん本人を知らないから、純粋に役として観ることができて、ストレスがない。ひとつの現実逃避に近いかもしれないね。帰宅がどんなに遅くなった日も、1話は絶対に観るからね。今日のことをいったん忘れて、リセットするために観る。趣味みたいなものかな。

松下　そういう時間って大切ですよね。

新納　最近、俳優・新納慎也であることだけの人生ってどうよ、と思うようになってきた。俳優とはそういうものだと思って、好きでやってきたけど、どこかで一回離脱した瞬間がないともたないな、と。メンタルを摩耗する仕事だからね。

松下　そうですね。ひとつ別の居場所を作っておくのは大事かもしれないですね。

新納　うん。ずっと趣味を探してきて、ボルダリング、ヨガ、ゴルフなどあれこれやってみたけど、いまいちで。そんな中でやっと見つけたのが、乗馬。1年半くらい続けてる。これまで時代劇によく出させてもらってきたけど、実は一回も馬に乗る役はなくて。僕は公家の役が多くて、カゴに乗せてもらうタイプだから（笑）。

松下　カゴの中から出てくる方ですね（笑）。

新納　そうそう。だから、乗馬は仕事のためにやってるんじゃなくて、ただ自分が楽しむ時間にできてるよ。

松下　その方が続きますよね。仕事のために特殊なことを学ぶ時は、集中力によって、その期間はなんとなくできるようになるけど、その作品が終わったら糸が切れてしまったりしますね。

新納　そうそう。趣味にするなら、洸平がCMしてた「Ｍｅｔａ Ｑｕｅｓｔ2」（バーチャルリアリティーゲーム）。あれ、いいやん。こないだ洸平の家に遊びに行った時にやらせてもらって、面白かったわ。買おうかと思って、真剣にメルカリで探した。Ｍｅｔａ Ｑｕｅｓｔ の担当の人に、新納さんが欲しがっていたと伝えておいてよ（笑）。

松下　（笑）。ハマりますよね。

新納　あの仮想空間で名前を変えて友達探すのでもいいのよ。そうやって松下洸平を離脱するのもアリだね。

松下　すごくいいゲーム見つけたので、今度やりましょう。宇宙船に取り残された宇宙飛行士になって、ミッションをクリアしていくんですが、超リアルでやばいですよ。

新納　いいね、やろう！

俳優として座っているだけで面白い存在になりたい

松下　昨年はNHK大河ドラマ「鎌倉殿の13人」で1年間、阿野全成を演じていらっしゃいました。役に入り込んで、私生活に影響が出るようなことってありますか？

新納　ない（即答）。0・5秒前までしゃべってる男やから（笑）。僕は「憑依型」の俳優なんていないと思ってるからね。お芝居は、こう動けば、こう見える、と分析しながらやるものだと思う。でも、以

Guest **8**

新納慎也

前共演した堺雅人さんに「新納くんは、リハーサルではずっと分析してるけど、本番がスタートした瞬間に全部忘れて憑依するよね」と言われたことがあって、めっちゃ恥ずかしかった（笑）。

松下　（笑）。新納さんは「鎌倉殿の13人」をはじめ、三谷幸喜さんが脚本や演出をされる作品にたくさん出ていらっしゃって、三谷さんとの関係はすごく深いんですね。

新納　そうでもないけどね。

松下　えっ。そこは「そうだね」でいいじゃないですか（笑）。

新納　いやいや（笑）。三谷さんに舞台やドラマを観てもらって演技指導してもらっていると思われがちやけど、全然そんなことないよ。一緒に食事に行ったのも数えるほどしかない。

松下　へぇー！

新納　大河ドラマ中は、たまに「〇話よかったよ」と短いショートメッセージがあったけど、それくらいで。三谷さんは脚本家で、現場には監督がいるからね。監督を通り越して、脚本家に何かを聞くことは極力しないようにしている。ただ、16年の三谷脚本の大河ドラマ「真田丸」の時に1回だけ、三谷さんに電話したことがあった。「はい」と言うだけのセリフで、でも、ここで「はい」と言える心境じゃないな、と。監督に聞いても「もしかして印刷ミスかな」と言われ、本当にわからなくなったことがあって。三谷さんからは、ちゃんと納得できる答えが返ってきた。でも、その1回だけだね。

松下　新納さんは、これからどうなっていきたいとかってありますか？

新納　それが全くないねんな。洸平は夢を口に出してきたけど、僕は若いころから、夢見る隙もなかったというか……。ミュージカルのチラシに名前も載らないようなところからスタートして、ぼーんと売れたとか、親が芸能人とか、力のある事務所にいたということも全くない。一番後ろの一番はじっこから一個ずつ匍匐前進するように進んできて、顔をあげて周囲を見渡す余裕がなかった。「ハリウッドデビュー」とかいうところまで飛躍しないと、逆に夢が語れないような気もしていた。

松下　僕は今年36歳になって、70歳、80歳になった時、どこで何してるのかな、と最近考えるようになりました。

新納　それは僕も想像するよ。

松下　どんなおじいちゃんになりたいですか？

新納　オヒョイさん（故・藤村俊二さん）みたいな。

松下　いいですね！　仕事はどうしますか？

新納　仕事は、していたいと思っている。

松下　へぇ～、生涯現役タイプですか？

新納　そうそう、できればね。その半面、いつでもやめてやるぞ、とも思って、転職サイトに登録してアカウントも持ってるけどね。

松下　えっ！　転職？　ウソでしょ。何になるんですか？

新納　それは決めてない（笑）。ただ、僕は今の自分が中途半端やから、早くおじいちゃんになりたくて。きっとガリガリに痩せたいい感じのおじいちゃんになれるやん（笑）。

松下 （笑）。中途半端というのは？

新納 年齢は立派なおじさんなんやけどね。

松下 見た目が若々しいですしね。

新納 ちゃんと老けてきてるんやけど、おじさんになりきれてないというか。だったら、おじいちゃんになって、俳優として座っているだけで面白い存在になりたい。よぼよぼで危なっかしい人が急にロック歌ったり、タップするようなね。「ニキビできた！」と言い出したり、80歳で「燃えるような恋がしたい」と言ってるかもしれない。

松下 言ってそう（笑）。僕は70歳くらいになったら、東京ではない、自然豊かなところで暮らして、基本的には好きなことだけして暮らしていきたいですね。

新納 洸平っぽいな、それ。Eテレで歌いながら絵を描くのやったらどう？

松下 あはは（笑）。

新納 原点に戻るの。おじいちゃんが絵を描いてたら、かわいいやん。でも、その前にいつか二人芝居ができたら面白いやろうな。

松下 めちゃくちゃやりたいですね。今日の撮影は二人芝居のポスター撮りみたいでしたね。

新納 そうやな。僕らがお世話になった栗山民也さんあたりに言ってみようか。

松下 いいですね、ぜひやりましょう！　今日は、普段話せないようなことも話せて、とても楽しかったです。

新納 洸平が仕事をしている姿を久しぶりに生で見たよ。取材の時はこうやって透明感出すんか、と（笑）。

松下 それ、ずっと言ってますね（笑）。楽しかったです、ありがとうございました！

［2023年1月収録］

鮮やかな花のような紫

古くからの付き合いである新納さんとの対談は、逆に新しい感覚でした。

新納さんは「ミュージカル界の異端児」と言われていて、唯一無二の存在感がある方だと思っています。

そして全く老けない。今日の髪形も、あれは22歳の若者の髪形ですよ（笑）。若々しさのキープ力が圧巻だからこそ、おじいちゃんになった新納さんが気になります。「田舎暮らしは苦手」とおっしゃってましたけど、僕も新納さんは都会のギラギラした中にいる方が似合う人だと思うので、きっと元気で面白いおじいちゃんになるんだろうな。

ひとつの色では染まりきらず、鮮やかで、華やか。教養があって、毒舌なんだけど、独特の品がある。高貴な雰囲気をまとっているけど、お芝居はウェット。誰に対しても、ナチュラルに接している姿勢は憧れです。そんな新納さんは何色かな、と考えていたら、横から「にいろでしょ」と（笑）。相変わらずでしたね。

出会ってから13年。いろんな話を聞いてもらってきました。コロナ禍になって以降は、僕の自宅に他の友人も呼んで、一緒にゲームしたり、他愛もない話をしたり。それでも今日は、まだ僕が知らなかった新納さんの一面を見ることができました。改めて昔のことを思い出すこともあり、すごく素敵な時間を過ごしました。二人芝居、いつか実現するといいな。

にいろ・しんや／1975年生まれ、神戸市出身。舞台を中心にキャリアを積み重ね、近年では映像作品にも出演。「真田丸」「鎌倉殿の13人」「ブギウギ」「おむすび」など

Guest

9

天海祐希

俳優

ドラマで初共演させていただいた天海さんは、凛とした強さのある本当にかっこいい人です。収録の合間を縫って実現した今回の対談。すごい「名言」が飛び出しました！

話すことによって、大切な思い出が薄まるような気がして

松下　よろしくお願いします！　この対談は昨夏にスタートして、だいたい1カ月に1度のペースで、新たなゲストの方とお話しさせていただき、それを4週にわたって掲載しています。対談のルールは特になくて、ただ楽しくお話しするだけです。

天海　わかりました、よろしくお願いします！

松下　天海さんとは、2023年4月スタートのカンテレ・フジテレビ系ドラマ「合理的にあり得ない」で初共演させていただいて、撮影現場では、隙あらばお話しさせてもらっています。今回のドラマのことはもちろん、宝塚時代のお話なども聞かせていただいていますが、テレビや雑誌などで宝塚のことをお話しになる機会はあまりないんですか？

天海　その話は……、あまりしないようにしてます。

松下　ああ、話さないようにされているんですね。

天海　うん。「宝塚で苦労したこと、大変だったことは何ですか」と聞かれることはよくあります。当時の裏話を聞きたいと思ってくださる方はたくさんいらっしゃるとは思うんだけど、楽しく観ていてくださった時に、裏で何があって、私がどんな思いでいたかを情報として入れたくないじゃないですか。当時ネガティブなことや、こんな苦労をしました、なんて話をすることは、良いことだとは思えないん

です。これは宝塚の教えということではなく、私自身の考えでね。

宝塚とは、とても多くの人が目指す場所で、そんな素晴らしい場所に立たせてもらっていた私が「大変です、つらいです」というのは、あり得ないな、と。観てくださった思い出を大事にしてほしいと思っています。

松下　もともと宝塚に入られたきっかけはなんですか。

天海　宝塚というよりも、お芝居をする人になりたかったんですよね。私、本名は祐里なんですけど、幼稚園の時、お遊戯会で先生に「祐里ちゃんは声が大きくてお芝居が上手ね」と褒めてもらったことがあって。子どもだから単純に「祐里ちゃんはお芝居上手なんだ！　祐里ちゃんはお芝居する人になる」と思いこんだの。そこからですね。

松下　へー！　そんな幼い時から！

天海　お芝居する人にどうすればなれるんだろう、と思っていたら、中学校の担任の先生が宝塚ファンで、「あなたは、背も高いし、踊りもやっているから、宝塚に行ったら？」と言ってくださった。宝塚だったら、歌も踊りも全部教えてもらえることがわかって、本格的に目指すようになったの。

松下　そんなきっかけもあったんですね。

天海　中学を卒業後、高校２年で中退して宝塚音楽学校に入るまで、通っていたバレエ団の宝塚受験クラスに在籍して、いろんなことを教えてもらいました。宝塚の公演も演目が変わるごとに観に行くようになってね。当時、東京宝塚劇場は３階席が９００円だったの。レッスンが終わったらみんなで観に行って、ああ、すごい世界だな、と。

松下　入団されて、トップも務められました。

天海　１９８７年に宝塚に入団し、月組トップスターになったのは93年です。「異端児」とよく言われてましたし、自分でもそうだなと思っていました。トップになるまでの段階は一応踏んでいるけれど、「男役10年で一人前」と言われていたので、ちゃんと年輪を重ねた男役さんではないということは自覚

宝塚のことを話さないのは、大切なものだから（天海）

していました。

当時は、なぜ自分がこういう立場に置かれているのかをすごく考えてましたね。上級生たちに比べて、私はバババッときてしまっているから経験がない。だけど、トップに置いていただいたということは、上級生たちと自分の持ち味が違うからだろう、と。そう思うしかないよね。上級生が身につけているものが自分にはない。だったら新鮮に、若いままでいくしかない。これを、ひとつの取り柄にすればいいんじゃないかとは思っていました。そう思うことで

自分を支えるというか。

松下　そこで「自分は特別なんだ」と思われなかったんですね。

天海　そんなこと全然思わないよ！　すごい上級生たちが本当にたくさんいらっしゃる中で、私はたまたま居させてもらっただけだとずっと思っていました。

よく女優への足がかりとして宝塚に入ったんだろう、と言われることがあるけれど、いやいや、その程度の思いだったら、もっと早くやめてます。自分のいた世界に尊敬や愛情がない限り、自分の一番いい青春時代をかけて頑張ることなんてできないですよ。

私があまり宝塚のことを話さないのは、あまりに自分にとって大切なものだからということもありますね。話すことによって、大切な思い出が薄まるような気がして。

松下　それは、なんだか少しだけわかるような気がします。

周囲に感謝する精神と礼儀を重んじる姿勢をリスペクトしています（松下）

天海さんの周囲に感謝する精神と礼儀を重んじる姿勢を、僕はすごくリスペクトしていて。本番前、天海さんはいつも「よろしくお願いします」と言われる。そんな方、見たことないです。

天海　ああ、言いますね。現場を支えてくれている、例えば小道具を作ってくださったスタッフとか、その場にいない方へも頑張ってきます、という気持ちでね。自分にももちろん言い聞かせているけど。

松下　本当に素敵なことだと思います。僕は、その言葉を聞くたびに感動しています。

どんな仕事もそうですけど、結局は自分と闘うんです

松下　ドラマ「合理的にあり得ない」でご一緒していて、天海さんから、ものすごいプラスなマインドをたくさんいただいています。

天海　いやいやいやいや。

松下　僕は、忙しい時などに物事をついネガティブに考えてしまったり、捉えてしまったりすることがあるんですよ。でも、天海さんはそうじゃない。例えば、わかりやすい話をすると、僕が「夜中にカップラーメンとか食べちゃうんですよね」と言ったら、天海さんが「私だって食べちゃうわよ」と。

天海　ははは（笑）。食べるよ。

松下　まず、そこがびっくりなんですが、「罪悪感はないんですか?」と聞いたら「ない。ああ、美味しいものを食べられた!という喜びの方が勝つ」と。

天海　そうだね。何事もマイナスに取ったら、身体や精神にマイナスになると思うのよ。だから「夜中

に食べちゃった」と考えないで、「ああ食べた！美味しかった！」と思えば、身体にいいものになるような気がするの。堂々と「うまーい」と言って食べるの。

松下　あはは（笑）。嫌なことやつらいことも、自分次第で、ちゃんと舵を取れるんだということを、天海さんとお話しさせていただく中で感じています。

天海　悩み事には、自分で解決できるものと、できないものがあるじゃないですか。私は、自分で解決できないことは、考えないようにしているの。自分がどうにか立ち回れば解決するのであれば、そうするけれど、考えても解決しないなら、その時間がもったいない。人生って時間が決まっているから。

でも若いうちは、やっぱり悩むし、それでいいと思うんですよ。そこで自分なりの道と対処法を身につけていくからね。

松下　悩むことで自分を知るということはあるかもしれないですね。マイナス思考に足をとられて、抜け出せなくなったような経験はありますか？

天海　あった、あった。何日も憂鬱な気持ちが続くようなことが。でも、私は追いつめられると、そこからパンッと上がるタイプみたい。考えても仕方ないから、練習したり、楽しいことを考えたりするからかな。私たちのお仕事は、練習すれば、たいていなんとかなるでしょ？

松下　練習は大事ですよね。

天海　そうそう。セリフを覚える、相手の芝居をみて自分も立ち回る、とか。

松下　天海さんは、舞台は年1回はやる、というふうに決めてますか？

天海　きっちり決めてはいないけど、これまでは2年に1本くらいだったのが、最近は立て込んでるね。定期的に舞台をやらないと、お芝居のメンテナンスができなくないですか？　映像と違って、舞台は表情を変えたくらいでは3階席の後ろまで伝わらない。全身を使ってお芝居することをちゃんとやっておかないと、どんどん自分のお芝居が怠惰になるような気がして。

松下 すごくわかります。舞台は1カ月間お稽古する時間があって、たった1行のセリフの言い方を何回もチョイスし、考えます。正解があるようでないから、なかなかはまらない時もある。千秋楽を大阪や名古屋で終えて、品川に戻ってくる新幹線の中で「あ！ 違う違う。あのセリフあの言い方じゃないわ」みたいなこともあります。

天海 わかるわかる。あとは、映像の現場では、年齢と経験があがってくると、あまりにひどくなければ、注意されたり、教えてもらったりすることがなくなってくる。でも、舞台では、そうはいかない。演出家の中にあるイメージに合わないお芝居をすると「違う、そうじゃない」と言ってもらえる。お芝居が独りよがりにならないためにも必要な時間だな、と思ってる。

松下 本当にそうですね。20代の頃は、「違う！もう一回！」と言われてばかりでした。当時はつらかったですが、自分がやっている芝居が本当に合っているのか、を確認するクセがついたことはありがたかったと思います。今も常に「これでいいのか？」と自問していますから。

天海 素敵なことだね。宝塚時代に、演出家の柴田侑宏先生という方がいらっしゃって。だんだん目がご不自由になられていて、耳だけで聞いてるんですよ。声色、感情の出方にものすごく敏感で「違う、そうじゃない、違う」と。その声が耳にずっと残っていて、今もお芝居の最中に柴田先生の「違う」という声が聞こえる気がするの。

松下 それはすごいですね。

天海 あの経験はとてもありがたかったな、と私も思いますよ。私たちは、役と闘うわけでも、演出家と闘うわけでもなく、自分を納得させるべく、パフォーマンスをするんだよね。どんな仕事もそうですけど、結局は自分と闘うんです。

松下 本当にそう思います。

天海 だから時々は、ヨシヨシよく頑張った、と声をかけてあげるのが大事だよね。自分がうまくできたかどうかは懐疑的だけど、あの寒さの中で頑張っ

誰かに褒められたくなること、
僕はめちゃくちゃあるんですけど

（松下）

連絡してきて！ 松下君、頑張って
るじゃない！って言うから（笑）（天海）

た、とか、あの状況でよく頑張った、偉い！と思うようにしている。自分が頑張ってるの知ってるのは自分だけなんだもん。

松下　誰かに褒められたくなることもありますか？

天海　ない（即答）。

松下　えっ、ないんですか？　僕はめちゃくちゃあるんですけど（笑）。

天海　連絡してきて！「何言ってんのよ、松下君、がんばってるじゃない！」って言うから（笑）。

人になにを言われても、自分が幸せならば幸せ

松下　今ご一緒しているドラマ「合理的にあり得ない」の現場で、天海さんはスタッフのみなさんにも率先して声をかけてらっしゃって、いつもすごくポジティブな様子を拝見しています。いろんな方から相談をされたりしないですか？

天海　うーん。相談を受け付けるというか……。悩みを聞くよ、ってウソっぽいじゃないですか。誰が話すか、と思うじゃない（笑）。ただ、一緒に食事に行った時なんかに、ふと話をされることは多いかな。

でもね、女の子の場合はだいたいすでに答えが出てるんですよ。それを、正しいとして後押しされたいの。だから、私自身もそうだけど、つい自分を正当化しがちだから、できるだけ客観的な意見を言うようにしてる。そして、私が言うことがすべてではないよ、あなたが選ぶことだよとも伝えてます。そうしないと、結局、誰かのせいにしてしまうから。

私、誰の人生にも失敗はないと思っているの。その時悪かったとしても、いつか挽回すればいいと基本的には思ってる。

松下　それはすごく良いですね！　占いとかは信じますか？

天海　占いねー。もちろん、いいことだけ信じる、そりゃ。ただ、その人の意見に沿って進路変更することはない。

松下　初詣に行ったら、おみくじは引きますか？

天海　引かないかな。だって、自分で自分は幸せだと思っていたら、幸せなんだよ。

松下　さすが！！

天海　凶なんて出ても、知らないよ！　人に言われたくない！と思うのよね（笑）。じゃあ引かなきゃいいじゃない、となるよね。だって私幸せだから、と思うもん。人になにを言われても、自分が幸せならば幸せ。

松下　あはは！（笑）。風水とかはどうですか？

天海　ううん。

松下　気にしないですか？

天海　そんなことで左右されないでしょ（笑）。

松下　（笑）。でも、気の流れとかあったりするんじゃないですか？

天海　いやいやいや。自分がいるところが気がいいから。なんなら、自分がパワースポットだから。パワースポットに行く必要ないのよ！

松下　そのマインド！　羨ましいです。

天海　元気な人、笑っている人に気が集まるんです。ネガティブな人には、ネガティブな気がいく。

松下　本当に天海さんのおかげで、今回のドラマ現場が、パワースポットそのものになってますよね。だからか、雰囲気もとても良いです。なので時々、天海さんが先に終わることがあって、その後の僕ひとりのシーンは、めっちゃプレッシャーなんです（笑）。テンポよく回っていても、なんだか太陽が欠けてしまったような気がして。

天海　（笑）。そんなことないでしょ。私がいると、みんな気をつかってくれているから、帰ったら「あいつやっと帰ったよ。めっちゃ気をつかったよな」ということだと思うよ。

松下　そんなわけないっ（笑）。天海さんは、共演者はもちろんですが、カメラマンさんや技術スタッフさんとのコミュニケーションも素晴らしいんです。スタジオでの収録は、1シーンを何台ものカメラで同時に撮影する「マルチ方式」。出演者が通しでお芝居をして、必要なところを抜いてもらえるわけですが、天海さんは常に「ここ照明あたってる？ちゃんと撮れてる？　いける？」と。

あれほど周囲に気を配りながらお芝居をできるなんてすごいな、と思っています。

天海　スタッフは、役者を自由に動かして、それをちゃんと撮る、ということをプライドとして持っておられると思うんですよ。でも、立ち位置によってどうしても撮れない表情があることに気づいたら、ちょっと顔の向きを変えよう、と。そうすると全ての表情が一度に撮れる。

役者の立ち位置にバーがなくて照明が吊れないために、いくつもカットを割らなければならなくなることもある。そうすると、私たちが根本的に望んでいる、1回でダーッと撮ることができなくなる。だったら、照明さんがいいと思う場所に移動して、1回で終わらせた方が、私たちも気持ちが乗ったままできる。そんなことを常に考えてる。

松下　セットは、途中で止めずに一連の流れで撮影するので、一定の緊張感が途絶えません。ものすごくスリリングですよね。どれだけ長いセリフも割らないから。僕は、この緊張感知ってるぞ、舞台だ、と。ああ、舞台やっててよかったなと思いました。

天海　そうだね。そんな話をしましたね。「抜き稽古」みたいだね、と。

松下　はい。舞台では、全体が通ってきたら、ひとつのシーンだけ抜き出してやってみることがあるのですが、その感覚と似ていますよね。

天海　舞台は、最初から最後まで一冊の本を演じるわけです。映像は撮影の順番が逆になることがあって、トータルで人物をつくっていく。その違いはあるけれど、舞台で最初から最後までやってきた経験があるから、映像の現場での1シーンだけの撮影にも対応できる。何事も無駄になることはないんだな、と。

松下　今回は天海さんと舞台をご一緒しているような感覚もあって、とてもお得な現場です。実際の舞台も、いつかご一緒したいです。

日々に慣れることなく、常に初心に戻り、自分を戒めつつやっている

松下　尊敬されている女優さんはいますか。

天海　たくさんいますけど、ご一緒させていただいて、やっぱりすごいなと感じるのは、吉永小百合さん。これはご本人にも伝えていることだけど、「吉永小百合」みたいな女優さんは、もう二度と出てこないと思う。まだ情報量が少ない時代に日本中から愛され、さらにその輪郭をきちんと守っておられる。小百合さんにがっかりさせられることなんて、ないじゃないですか。それってなかなかできることじゃないと思います。

他にも草笛光子さん、加賀まりこさん、三田佳子さん、桃井かおりさんら、年齢を重ねながらも輝いている女優さんはみんなすごいですよ。

松下　お名前をあげられた方は共演されていらっしゃるんですね。

天海　そう。その後、お食事もさせてもらって、普段からお世話になっています。加賀さんは自由奔放に見えるけど、ものすごく人情深くて、ものすごく優しい方。正義感が強くてバンと言うこともあるけれど、きちんとフォローもされる姿勢からは学ぶことが多いです。私の話もよく聞いてくださって、「あんたも50代になって、いい時なのに、なにやってんのよ」とか言われちゃう（笑）。皆さん日本の映画界が素晴らしかった時代に何本も主演作品がある。お話をさせていただくと、自分の襟を正されるような気がします。

松下　多くの方の言葉が今の天海さんをつくっているんですね。

天海　そうだね。松下くんは、どなたですか？

松下　僕もたくさんいますけど、優しさでいうと、光石研さん。光石さんがくれた優しさは今の僕を形成する上で大きな影響がありました。優しいけど、本番では勢いがあって、でもカットがかかったら、

僕が言うのも何ですがニコニコされてる（笑）。

天海　わかる（笑）。でも光石さんは、武闘派だって知ってた？　正義感があるのよね。

松下　はい、そんな一面も憧れますね。

天海　いけないことは、いけないと言ってくれる大人だよね。加賀さんもそうだけど、きちんと言ってくださる関係になれているのがありがたいよね。

松下　そうですね。昨年、ご一緒させていただいた山﨑努さんは誰よりもお芝居のことを考えていらっしゃいました。天海さんは、いつまでお仕事をされるか決めてらっしゃいますか？

天海　そこは何も考えてないんだけど、私たちの仕事は呼んでいただかないと始まらない。いつ声がかかっても、自分が思うようにお芝居ができるように、心身共に健康でいるようにしたいなとは思っています。

でも最近、「天海祐希引退」という噂が出てたよね（笑）。たぶん「劇団☆新感線」の公演の時に「参加するのは、これが最後になるかもしれないので、ぜひ観てくださいね」と言った後段部分だけが独り歩きして、いつのまにか引退することになっちゃったんだと思う。「体調不良を訴えている」とまで書かれていて、めっちゃ笑った（笑）。訴えてないわっ！と。

松下　僕が知る限りですが、すごい元気ですよね（笑）。いま、ドラマ「合理的にあり得ない」でご一緒していますが、天海さんのそばでエネルギーをいただけるのは幸せです。

天海　そう言ってもらって、私が一番幸せだけどね。でも、うるさい時は、す〜っと離れていっていいからね。追いかけていくかもしれないけど（笑）。「ねぇねぇ、それでさ、それでさ」と。

松下　あはは（笑）。天海さんのおかげで、とても明るく楽しい現場で、その雰囲気が作品からも感じていただけるような気がします。

天海　松下くんとは今回初めてご一緒させてもらいましたが、これまで映像で見ていた印象以上に、すごく巧みな役者さんだと思いました。「上手い」と言うと、良い意味に聞こえないこともあるじゃないですか。でも、そういうことじゃなくて、純粋に「巧み」な人だな、と。なんだか職人さんぽい。日々に慣れることなく、常に初心に戻り、自分を戒めつつやっている姿勢も素晴らしい。

だから、こうやって、多くの人が松下くんの良さに気づき、ちゃんといるべき場所にいるんだな、と思いながら見ています。これまで、ご苦労もあったと思うけど、そこをちゃんと越えて、そこにいるんだなという気がします。こんな言い方すると、なんだか偉そうなんですけど（笑）。

松下　そんな風に言っていただいて、うれしいです。ありがとうございます。

今回のドラマは、原作が小説なので、もともとは文字の情報しかありません。天海さん演じる上水流涼子のバディ役・貴山伸彦を僕がやらせていただいて映像化していくわけですが、二人が言葉を交わしながら動き出すと、作品の空気感みたいなものが少しずつ厚みを増していくことが、やっていて楽しいですね。それにしても貴山が、意外と姑気質で。破天荒でマイウェイ、自由奔放な涼子さんに対して、普段は黙ってるんですが、時にねちっこく言い返してる（笑）。

天海　そうそう！　言い返してるんだよね。

松下　性格も真逆。

天海　あはは（笑）。ごちゃごちゃしているけれど、一本筋の通ったドラマになっているので、ぜひ楽しんでいただけたらと思っています。

松下　そうですね。いよいよ始まりますね。今日はドラマ以外のこともたくさんお話しできて、とても楽しかったです。ありがとうございました！

［2023年2月収録］

パワースポットのような明るい色

「私がパワースポット」。名言が出ましたね。天海さんは、本当にポジティブで前向きな方だと改めて思いました。

明るく、元気で、ユーモラス。演じている時も、台本にはない小ボケを入れてくれるなど、いつも現場の空気を良くしてくれる空気清浄機のような存在でもあります。

スタッフへの気遣い、サポートも素晴らしく、本当に勉強させてもらっています。ある時、若いスタッフに「あなたの過去は誰も知らないんだから、なりたい自分へキャラ変していいんだよ」と声をかけてらっしゃって、そのポジティブさに励まされる人は多いだろうなと思いました。

宝塚時代のことや、ご自身が苦労されたことなどは一切お話しになりませんが、それは常に観てくださる方のことを考えているからこそ。それでも、僕が根掘り葉掘り聞くせいもあるのですが、たまにお話ししてくださることもあって。その度に、やはり尋常ではない努力を重ねてこられたんだな、と尊敬の思いでいます。

そんな天海さんには、太陽のような明るさの中に、凛とした礼儀を重んじる精神が見えるような色を選びました。まだまだ続く撮影期間中、ポジティブなエネルギーを存分に浴びていたいと思っています。

あまみ・ゆうき／1967年生まれ、東京都出身。宝塚歌劇団を95年に退団後、映画、ドラマ、舞台、CMなどで幅広く活躍中

Guest

10

丸本達彦

スタイリスト

異業種の方をお招きしたくて、ゲストを考えたとき、まずはマルさんとお話ししたいと思いました。「松下洸平」を作ってくれている大事な存在だからです。

やっとまたご一緒できる、という思いがこみあげてきました

松下　よろしくお願いします！

丸本　よろしくお願いします。普段、写真を撮られることがないから、今日は緊張しています。

松下　この連載は、俳優さんだけではなく、異業種の方やお会いしたことのない方とも話せる場です。異業種の方で仕事に対する向き合い方などをお聞きできる方はどなただろう、と思った時に「あ！　マルさんでしょ」と思って。

丸本　すごく光栄だけど、僕はこの連載で最初から洸平くんのスタイリングをやらせていただいてきて、毎回ゲストの皆さんがそうそうたる方だなと思っていたわけで……。そんな中で、僕の話で間が持つのか心配だな、というのが正直なところです。

松下　僕としては是非お願いしたくて、昨夏、この連載がスタートする前の打ち合わせの段階からお名前をあげさせていただいたんです。

丸本　そうだったんだね、ありがたいです。

松下　これまで顔出しでインタビューなど受けられたことはありますか？

丸本　新聞や雑誌などに何度か出たことはあるけど、いつも写真は1枚パッと撮るくらい。それが今回は4週にわたって掲載とは。「こいつ誰やねん」となりそうだな（笑）。

Guest 10　丸本達彦

松下　いえいえ！　マルさんと初めてお会いしたのは、僕が最初に歌手としてデビューした２００８年です。アーティスト写真やジャケット写真のスタイリングをしてくださっていました。

丸本　そうだったね。もう15年くらい前だね。

松下　僕は当時21歳で、人生で初めて出会った「スタイリスト」というお仕事をされている人が、マルさんでした。あの時、どういう流れで僕についてくださったんですか？

丸本　レコード会社のビクターから連絡を受けてね。当時、僕はビクターに入り浸っていたので（笑）。皆さんにかわいがっていただいていて、よく仕事をさせてもらっていました。

松下　そうだったんですね。僕の最初の音楽活動は1年半から2年くらいという短い期間でしたが、その中で出させていただいたシングルや配信の服を全て担当してくださって。当時、すでに丸本さんはトップスタイリストで、いろいろとお話しさせていただく中で、なんてかっこいい人なんだろうと思っていました。

丸本　いやいや、そんなことはないよ（笑）。

松下　僕も服が好きなので、すごく刺激をいただきました。ただ、その後、俳優業を始めてから10年間は、全くお会いすることがありませんでした。僕はスタイリストの方にお願いできるような立場ではなかったですし、時々、ミュージカル雑誌などに取材で呼んでいただいても、基本的には私服で出てましたし。そんな日々の中で、いつかもう一度、マルさんとお仕事がしたいなとずっと思っていました。

丸本　それは本当にありがたいね。

松下　NHK連続テレビ小説「スカーレット」に出演して以降、テレビのお仕事をいただけるようになりました。19年12月、NHK「あさイチ」のプレミアムトークにゲストで出ることになって、スタイリストをつけることができる、と。「誰かお願いしたい人いる？」と聞かれて、迷うことなく、マルさんにお願いしました。

丸本　あの連絡が来た時は、びっくりしましたよ。

「泣けてきた。嬉しい」とインスタに書き込みました（松下）

共通の知り合いもいるので、噂レベルで洸平くんが何をしているかを聞いてはいたけど、朝ドラが決まって、さらにプレミアムトークに出ると連絡いただいて。10年の間、本当によく頑張ってきたんだな、と。

松下　（笑）。

丸本　すごいな、と思ったんですよ。あきらめずにチャンスをモノにしたことが。よく途中で折れなかった。俳優に限らず、夢を追いかけていても、途中で挫折し、脱落していく人がほとんど。そういう人をたくさん見てきましたから。そんな中、よくいったな、と。

松下　ありがとうございます。

丸本　そして、また僕に声をかけてくれたのが、すごくうれしかった。洸平くんて、そういう人なんですよ。人との縁をすごく大切にしている。それは僕だけじゃなくて、周囲の人すべてに対してやってきたんだろうなと感じましたね。

松下　生放送の日、渋谷のＮＨＫのスタジオに朝早くに行き、ガチャッと楽屋の扉を開けたらマルさんがいらっしゃった。「久しぶりー」と挨拶した時のことを、はっきりと覚えています。やっとまたご一緒できる、という思いがこみあげてきました。

丸本　久しぶりだったのに、そこまで久々な感じもしなかったね。洸平くん、何も変わってなかったから。もちろん過去の映像みたら変わっている部分もあるかもしれないけど、雰囲気は同じだった。

松下　（笑）。マルさんも全く変わってないですよ。あの日、収録終わってから写真を撮りましたよね。

すごいなと思った。
よく途中で
折れなかった（丸本）

丸本 そうそう。楽屋の前でね。

松下 再会記念の写真で、僕のインスタにあげました。「泣けてきた。嬉しい。本当に。10年やって来て良かった」と書き込んだのは、マルさんとの再会があったからでもありました。あの日からですよね。この3年間は、音楽番組、バラエティー、雑誌に写真集まで多くの仕事をご一緒してきました。

丸本 そうだね。濃い3年間を過ごさせてもらって感謝していますよ。

足し算すると逆にわかりにくくなることがある

松下 マルさんには、08年の最初の歌手デビューでお世話になり、19年に10年ぶりに再会することができました。僕に「よく頑張ってきたね」と言ってくださいましたが、マルさんの10年はどんなものでしたか？

丸本 あっという間の10年でした。23歳でスタイリストになって、いま44歳。いつも必死にがむしゃらにやっていたら、いつの間にか20年経っていたという感じかな（笑）。

松下 スタイリストを目指したきっかけは何だったんですか？

丸本 北海道の十勝にある小さな町で生まれ育ち、中学生の頃にファッションに目覚めて。高校はとにかく私服の学校に行こう、と。

松下 それは、もっとおしゃれしたくて？

丸本 そう。とにかく制服を着るのが嫌で、「学ラン」イコールダサいと感じていたので、一生懸命に勉強して、十勝にある私服の高校に入って。大学は、東京に行きたいからという理由で進学したけど、半年で中退。すぐにファッションの世界に入り、師匠について、勉強を始めたという流れだね。

松下　そうだったんですね。僕は、マルさんの冒険心があるところもリスペクトしています。若い頃の海外旅行の話など、めちゃくちゃ面白いです。

丸本　好奇心は人一倍あるからね。

旅は、20歳の頃にロスに住んでいる友人を訪ねたのが、始まり。滞在中に、車でメキシコへ行くことになり、陸路で国境を越えたら、その瞬間にガラッと景色が変わった。まだ整備されていない海岸線の道を走り、途中で馬に乗せてもらって。紐しかついていない馬に必死で食らいつきながら、こういう振り落とされそうなシーンは、人生にも訪れるんだろうな、と思ったよ。しがみつける人に対して、落ちていく人は何かが足りないんだな、と。

松下　馬の上でそこまで考えていたんですね。

丸本　いや、それは後から思った（笑）。とにかく、あの国境越えで人生観が変わって、そこからは世界中のいろんなところを巡るようになった。

松下　ひとりで行かれたんですか？

丸本　そう、ひとりで。往復のチケットだけ取って、泊まる場所は決めずに自由に過ごすパターン。メキシコのイスラ・ムヘーレスという島に行ってからは、海にはまった。あちこち行ったけれど、中でもタイのタオ島は手つかずの自然が残っていて素晴らしいところだった。

松下　荷物は持たずですか？

丸本　リュックとパスポート、最小限の地図だけ。あとは現地調達だね。バイクを借りて、宿を探し、昼間は海で寝たり泳いだり。腹が減ったら何か食べに行って（笑）。

松下　その身軽さは今も変わりませんね。マルさんは、良い意味で、たくさんのモノを持っているイメージがないです。

丸本　手ぶらですね、とよく言われるからね（笑）。

モノが多いとブレるんだよね。職業柄、洋服や靴などいろんなものに触れるけど、あまり多くのモノを所有すると、自分の本当に好きなものが見えづらくなる。だから、持ち物は極力少なくして、本当に自分が好きなのかを全てにおいて自問自答していて。若い頃はいろんなものを着たし、派手な格好もしたし、髪の毛がドレッドだったこともあるけどね（笑）。

松下　本当ですか？　想像できないですけど（笑）。

丸本　経験してこそ感じるものがあるじゃない。僕はひと通りのことは経験しながら、年とともに、だんだん引き算の美学に気づいた。

スタイリングで、その人の良さや素材の良さを引き立てるために着飾ることがあるけど、足し算すると逆にわかりにくくなることがあると思う。

松下　確かに、マルさんのスタイリングはすごくシンプルですよね。それでいて、ひとつひとつのモノの良さがちゃんと引き立っているような。

丸本　絵や音楽にも通じることだろうけど、いろいろな表現を加えると本当に伝えたいものがわかりづらくなることがあると思う。引き算がいつも正しいというわけではないけど、なるべく、伝わりやすさを大切にしている。

松下　僕の芝居は、マルさんのそのマインドから影響を受けている部分があります。芝居も足し算しちゃいがちなんです。うれしい、悲しいとか表現過多になってしまう。

丸本　うん、なるほどね。

松下　そこでオーバーにやりすぎない精神は、マルさんのモノや服に対する考え方からインスパイアを受けているところが多くあります。ただ、引き算することやシンプルでいることは、ちょっと勇気がいるじゃないですか。

丸本　そうだね。わかりやすい表現ではないからね。

松下　そうなんですよね。ついつい説明のつくものに頼りたくなって、鎧のようにいろんなものを身に着けてしまいがちです。そうすると確かに安心するけど、その分、重くて抱えきれなくなる瞬間がある。

マルさんが薦めてくれたもので
身を固めておけば間違いない
（松下）

洸平くんとは互いの
哲学がシンクロしているから
長いお付き合いができる（丸本）

そこを軽くしていって、必要なものだけで自分自身を主張していく。その考え方を僕はマルさんから教えていただいています。

丸本　それは光栄だな。よく楽屋で、たわいもない話をするけど、自然とそういう話をしてるからね。

松下　はい。そこから勝手に抽出してます（笑）。

外見よりも中身が派手でとんがっていた方がいい

松下　マルさんのアトリエ、おしゃれですね。

丸本　ありがとう。2階だから荷物の運搬が少し不便で、引っ越ししたいとも思うけど、ここは窓からの光がいいんだよね。隣の家が白壁だから圧迫感もないしね。

松下　インテリアや照明はご自身でととのえられたのですか?

丸本　そう、全て自分で考えた。工事はもちろん業者呼んだけどね。

松下　イスもおしゃれだなぁ。

丸本　ちょっと座ってみて。

松下　うわっ。なにこのフィット感!

丸本　デンマークのデザイナーのフィン・ユールのオリジナルだよ。国連で使われていたんだよね。

松下　凄いなあ。さすが良いものが揃ってるんですね。マルさん、カメラもやるんですか?

丸本　いやいや、カメラはやるというレベルじゃない。趣味でもない、持ってるだけ（笑）。

松下　それはデジカメですか?

丸本　そう。今日のそのTシャツかっこいいでしょ。撮っておきたくて。写真界の巨匠、リチャード・アヴェドンの写真がプリントされていて、古着図鑑の表紙を飾れるようなものなんだ。

松下　そうなんですね!　これ、新品ですよね?

丸本　そう、とても貴重な一枚だよ。知り合いのディーラーから「アヴェドンのデッドストックが見つかった」と連絡があって、その中の一枚を手に入れることができたんだ。

松下　持っている人は、あまりいませんか？

丸本　いないと思うよ。ボロボロでも十数万円するTシャツで、それが新品だからね。

松下　それはすごいですね！

丸本　僕は、何十年も前のモノの価値が、時とともに上がっていくことが面白いと思うんだよね。役者さんやミュージシャンも、ずっと長くそのシーンにいる人には、そこに存在する価値があるわけで、そういう普遍性を持ったものに、とても惹かれるんだよね。

松下　僕は最近、服はもちろん、生活用品に至るまで何か買う時は、必ずマルさんに相談するようにしています。今こういうものを買おうと思うんですけど、いいのありますか？と。そうすると、いつも最良のものを教えてくれる。最近では、ソファの話をしましたね。

丸本　そうだね。僕はソファを買い替えるのに半年かかったよ（笑）。

松下　こだわりを持って、いろいろ見に行かれたんですよね。ヴィンテージの良さも全部教えてもらいました。

マルさんとは、20代前半にお仕事をご一緒して、そこから約10年後に再会することができました。そして、ここ3年間は、僕のスタイリングをしてくださっていることもあって、僕の知らない、僕の本質と似合うものもよく知っていてくださっていると思うんです。楽屋では、おいしいご飯屋さんとか、お酒の話もよくしますね。

丸本　お酒は、わかる範囲でね。こういうの洸平くん好きなんじゃないかな、と考えて、僕なりの提案をいつもしています。

松下　マルさんが言うものは全部いいんで。僕は、マルさんが薦めてくれたもので身を固めておけば問題がないとさえ思っています（笑）。

丸本　あはは（笑）。ありがとう。

松下　モノに対する価値観、とらえかたがとても素敵で、派手さやラグジュアリーな金額だけでは測れない良さを知っていらっしゃる。僕は、そこにすごく影響を受けていて、いろんなモノを持っていることが幸せなのかどうかを考えるようになりました。

丸本 僕は、店も人も門構えや内装が派手なものは、あまり得意じゃないんです。質素なんだけど、中にこだわりが詰まっている方がいい。人間も同じで、外見よりも中身が派手でとんがっていた方がいい。羊の毛皮をかぶった狼みたいなね。僕の理想の男性像はそこにある。だから、スタイリングもあまり着飾ることはせず、なるべく質素に品よくしていた方がかっこいいと思っている。

松下 マルさんが思い浮かべている理想の男性像は、そのままスタイリングしてくれる服に宿っています。基本的にはシンプルで、時にビビッドな色もありますけど、見た目の派手さはない。でも服が持っている歴史がめっちゃ深かったり、素材にこだわりがあったり。

丸本 今回のアヴェドンのTシャツがまさにそうだね。そして、洸平くんによく似合うんだよね。洸平くん自身は、見た目はすごく控えめでシンプルなんだけど、中身が熱くて、芝居させたらすごい。素朴なキャラクターが絵になるんですよね。

松下 いつも、そう言ってくださって、恐れ多いですが、ありがたいです。本当にうれしいです。

丸本 洸平くんとは、互いに持っている哲学がシンクロしているから、長いお付き合いができているんだろうね。

松下 そうだったらうれしいです。マルさんの目指しているところが、モノづくりにおいて僕が目指している部分でもありますから。

洸平くんも僕も、よくここまできたな、とすごく思ったよ

松下 マルさんとの印象的な仕事のひとつに、写真集『体温』（マガジンハウス）があります。02年にやっていただきました。撮影地の沖縄に一緒に行き、スタイリングをすべてやっていただきました。

まず言いたいのは、マルさんが沖縄に来た時の荷

物の少なさ！（笑）

丸本　あはは（笑）。

松下　ご自身の小さなバッグと数日間の僕の衣装だけ。それ以外は必要ないので、当たり前と言えば当たり前ですが、大きなスーツケースをガラガラ引いているようなことがなくて、本当に旅慣れた人だなと思いました。

丸本　僕は、荷物が多いのが本当に嫌で、パッキングする時も極力シンプルにひとつに納めたいんです。靴は1足で1週間いけるな、パンツは2本でいいな、とか何を削るかを考えてモノ選びをする。洸平くんは仕事だから着替えるけど、僕はなるべく1パターンでいきたい（笑）。

松下　マルさん自身が超ラフな格好でしたし、僕のスタイリングもすごく軽いものを用意してくださっていて。何かをつけて着飾るようなこともなかったので、撮影中に僕自身の心がどんどん身軽になっていった感じがありました。撮られていることを忘れて、プライベートで旅行に来たような感覚になることができました。

丸本　そうだね。「撮影してます感」はあまりなかったね。

松下　その雰囲気がつくれたのは、マルさんが身軽だったことが大きいと思います。おかげで、自然な表情が出せた写真集になったと思います。楽しかったですね。

丸本　僕こそ、楽しませてもらったよ（笑）。

松下　何より忘れられないのは、宿泊したホテルで夜に二人で短パンのままプールに飛び込んで、ぷかぷか浮きながら星を見たことです。

丸本　うん。めちゃくちゃきれいな絵に描いたような星空だった。贅沢な時間だったね。一生忘れないだろうな。

松下　あの時、マルさんと08年の最初のデビューで初めて出会った頃の話をしましたね。

丸本　うん。そして、十数年たって、こうやって仕事でここに来れていることがすごいな、と。洸平くんも僕も、よくここまできたな、とすごく思ったよ。

松下　めちゃくちゃエモい時間でしたね（笑）。沖縄の自然と景色が相まって、オープンマインドになれたんだと思います。滞在は2泊3日で短かったですけど、すごく濃い時間でした。そして、今日もAERAの撮影をマルさんとご一緒できて、とても感慨深い気持ちになりました。

丸本　まさか連載に僕が登場するなんて（笑）。僕は、やっぱり人との出会いに恵まれているんだなと思って。これまでも周囲に支えられてきたし、洸平くんも僕を大切にしてくれる。人と人との出会いを大切にやってこれたということかな、と思っているよ。

松下　僕はスタイリストのお仕事に詳しくはないのですが、上手いかどうかは、どうやって決まるんですか？

丸本　いろんな感覚を持った人がいるから正解がないんだよね。技術的なことや知識は、自ずと身についてくるけど、食事で大味が好きな人もいれば、繊細な味が好きな人もいるのと同じで。ただ、長くやっている人は、何かしら武器があるはずだとは思う。僕の場合は、周囲との出会いによってうまく運よくやってこれたのかな。結局は、人と人だから。

松下　そうなんですね。上手いからというだけでは通用しない。人との付き合い方も試される。それは、俳優にも当てはまることかもしれません。

丸本　うん、そう思うよ。洸平くんとの仕事は、僕らスタッフがいつも自然体でいられる。これは、他の役者さんもバンドのメンバーも感じていることだと思う。とにかく仕事がしやすい。

松下　僕、あまりかっこつけられないからかなぁ（笑）。

丸本　それはね、洸平くんの才能だと思うよ。若いころからそうだったけど、周囲を自然な空気にすることができる才能がある。

松下　そうとらえてくださる心の広い人たちに囲まれているんだと思います（笑）。僕自身が特別な人間ではないですし、表に立つから偉いわけじゃない。ただ、スタッフさんと共演者の方と良い作品を一緒に作りたい思いがあるので、仕事がしやすいと感じてくださることは、うれしいことですね。

丸本　いま僕は、すごく狂気な洸平くんを見てみたい。きっといつか演じるんでしょうけど、その時は、一緒にこだわり抜いて、作りこんでみたいな。

松下　やりましょう！　マルさんとの出会いがなければ、僕の見え方は、全く違うものになっていたと思います。僕のことを理解してくれて、信頼できる人が近くにいるのはとても心強いし、安心です。これからも変わらずに、一緒にモノづくりができたらうれしいです。

今日はありがとうございました！

［2023年3月収録］

深い海の底のようなブルー

最初の歌手デビューの時にお世話になってから15年。3年前に再会してから今日までの間、数えきれないほどの洋服を着させていただきました。CDジャケット、雑誌、バラエティー、音楽番組まで。いまの僕のイメージを作ってくれている方はたくさんいますが、間違いなくその中のひとり。もし、マルさんがいてくれなかったら、僕のイメージは変わっていただろうとも思います。

マルさんの朗らかで優しい雰囲気は出会った頃のまま。洋服だけではなく、全てのモノの価値に対するこだわりに改めて触れさせてもらい、刺激を受けて、いろんなことを考えさせられています。

「じゅうにんといろ」のスタイリングも初回から担当してくださっています。全てお気に入りですが、最初の井浦新さんとの対談衣装が一番印象的でしたね。きれいで抜け感があって、お相手の方がどんな衣装を着てもなじむ。目立たないけど品があって、これぞマルさん。

さっき、誕生日プレゼントにパンツをいただきました。「はいてみて。すごく気持ちいいから」と（笑）。マルさんが言うのだから、本当に気持ちいいんだと思います（笑）。撮影が終わってからさりげなく渡してくださるのが、またかっこいい。これからも何か買う時にはマルさんに相談しようと思います。

静かな佇まいですが、心の中は熱くて深みのある人だと思い、色を選びました。シンプルでかっこよい生き方を教えてくれる人に出会えてよかったです。これからも宜しくお願いします！

まるもと・たつひこ／1978年生まれ、北海道出身。2002年からスタイリストとして活動。CM広告、ミュージックヴィジュアル、ライブ衣装製作、企業ユニフォームデザイン（TAXI GO Reserve、JINS等）など幅広い分野で活動中。22年、自身のブランドUNIversal FORM設立

Guest

11

魔裟斗

元格闘家・タレント

格闘技が好きで、魔裟斗さんの強さに感銘を受けてきました。ずっとお会いしたいと願ってきましたが、この対談にゲストでお越しいただくことができました！　いやぁ……緊張しました。

何かを得るためには、何かを捨てなければならない

松下　はじめまして。どうぞよろしくお願いいたします。魔裟斗さんは僕にとって特別な存在で、今日はとても緊張しています。昨日は久しぶりに眠れなかったです。

魔裟斗　そうなんですね（笑）。僕は、ジャンルが違いますしね。特殊だから（笑）。

　最近、年齢的に少し年下の方から仕事のオファーをいただくことが増えました。みんな僕の現役時代を観てくれていたのかな。先日も、俳優の三浦翔平くんに声かけてもらって、今度一緒にバイクに乗るんですよ。

松下　そうなんですね！　僕もお聞きしたいことがいっぱいあります。

魔裟斗　格闘技が好きなんですか？

松下　はい。本格的にはまったきっかけは、コロナ禍に入る前だったので５年くらい前に、たまたまＹｏｕＴｕｂｅで２００４年大晦日の「Ｋ－１ ＰＲＥＭＩＵＭ ２００４ Ｄｙｎａｍｉｔｅ!!」を観たことです。これは魔裟斗さんと山本〝ＫＩＤ〟徳郁さんによる伝説の一戦で。当時高校生だった僕は生放送で観た記憶があるのですが、改めて久しぶりにみたら、泣いてしまいました。

魔裟斗　そうなんですね。

松下　涙が止まらなくて。僕は、これまでの人生で「誰かを倒したい」というような闘争心があまりなかったんです。魔裟斗さんの強さに感銘を受けました。

魔裟斗　なるほど。でも、同級生はみんな同じ雰囲気ではないですか？　闘争心とは無縁の世代というか。

松下　ああ、それはそうかもしれないですね。

魔裟斗　僕はいま44歳ですが、競争、競争、また競争が当たり前で、相手を蹴落としてでも上っていこうとやってきました。戦う相手やライバルとは口もききませんでしたし、そんな先輩が多くいました。

松下　先輩から学ばれたんですね。

魔裟斗　格闘家とは、そういうもんだと思ってました。でも、若い選手は違う。とても仲良くやってるんです。最初は驚きました。それで勝てるのかな、強いんだろうか、と。どちらが正解なのかは、ちょっとわかんないですけど。

松下　魔裟斗さんのストイックさは僕が俳優としてやっていく上で絶対に必要なメンタルだと思っています。そこを極めていらっしゃったのが魔裟斗さんだと思っています。

魔裟斗　ありがとう。でも、今は真逆ですね。35歳を過ぎたくらいから、周囲の人と仲良くしよう、人生を楽しく生きようモードに変わりました。

松下　ＹｏｕＴｕｂｅ「魔裟斗チャンネル」でも若い選手らと積極的にお話しされていますよね。以前のお姿が想像つかないくらいなのですが、変わるきっかけは、何かあったんですか？

魔裟斗　引退後しばらくは、他を寄せ付けないような思考の癖が残っていました。世界チャンピオンとしてのプライドもありましたから。

でも、子どもができて、幼稚園に通うようになると、今まで出会わなかった人に会うようになるわけです。子どものお友達のお父さんとは、僕もイチお父さんとして接する。魔裟斗ではなく、「○○ちゃんのパパ」（笑）。相手に遠慮されないように、最初は自分から積極的に話しかけてましたね。親同士が

舞台がまさにそう。稽古でできないことは、本番でできない（松下）

仲が良いと、子どもたちも安心して仲良く遊ぶからね。そんな日々の中で自分も変わってきて、すごく丸くなりました。

松下　なるほど。これまで魔裟斗さんの試合やインタビューなどを拝見していて、心に残っている言葉があります。「何かを得るためには、何かを捨てなければならない」と。これは現役中に感じられたことですか？

魔裟斗　そうだね。24歳で「K－1　WORLD　MAX」で優勝して世界チャンピオンになりましたが、次に勝つまで5年かかったんですよ。最初に勝った後、取り巻く環境が変わったんです。仕事や甘い誘いがいっぱい増えて。その頃、僕は昼ドラに出てる（笑）。

松下　そうだ、そうですね！

魔裟斗　試合をやりながら、映画やバラエティーに出て、イベントにも呼ばれて。夜はいろんな人に食事に誘われて、飲みに行って。もちろん練習は一生懸命やってたけど、やっぱりトップにはなれないんです。「もう終わった」と言われて、悔しくて、絶対に復活してやる、と。もう一度チャンピオンになるために、いろんなものを捨てました。

　格闘技以外の仕事をやめ、夜遊びをやめて早寝早起きをして、強くなるための食事をして。24時間365日、チャンピオンになるためだけに過ごした結果、08年に2度目のチャンピオンになることができました。「何かを得るためには、何かを捨てなければならない」を痛感したわけです。

松下　引退されたのは、30歳の時です。没頭されて

格闘技は準備が90%。リングでは仕上げたものを出すだけ（魔裟斗）

いたものから離れることに迷いはありませんでしたか？

魔裟斗　いやいや、全く。年齢的には早い方だと思いますよ。だけど、ずっと走り続けてきたので、精神的に疲れてしまって。他の競技だと、選手をケアする体制が整っていることが多いけれど、僕は自分で何でもしてきたから。トレーナーを雇ったり、練習場所を探したり全部。そんなこともあって、なんだか疲れてしまって。

松下　本当にやり切られたんですね。

魔裟斗　2度目の世界チャンピオンになることができたことが大きかったですね。もうやり残しはないな、と。目的が達成できたので、きれいにやめることができた。もし、負けていたら……。いつまでもやめることができなくなっていたかもしれないですね。

目先の金より名誉を取れ、名誉を取れないと10年後はない

松下　魔裟斗さんと格闘技との出合いはどこだったんですか？

魔裟斗　通っていた幼稚園に「誕生日の絵本」というのがあって、将来の夢は「ターザンになりたい」と書いたんですよ。

松下　おおっ！

魔裟斗　強さ、強いものが好きな子どもでした。筋肉も好きだった（笑）。中学3年生までは水泳をやって、15歳からボクシングを始めました。

松下　ボクシングをやるきっかけは何だったんですか？

魔裟斗　中学3年で部活を引退して、受験勉強が始まったあたりから、やんちゃな友達と遊ぶようになったんです。高校には進学したけど、つまらなくて。遊び仲間には学校に行ってない子もいたから、「オレも学校なんて行きたくないな」と（笑）。それで退学することにしたんだけど、どうやったら親が納得してくれるだろうかと考えました。そこでボクシングというのが出てきて。

松下　そうだったんですね。

魔裟斗　うん。「ボクシングがやりたいから、学校やめる」ということにしました。だから別に、もともとすごくやりたかったわけではなくて。ただ、「強い」ことへの憧れはあったし、「やりたいこと」にできるのはボクシングぐらいでした。学校もやめてしまったので、やるしかないな、と。

松下　そこに懸けたんですね。

魔裟斗　そうだね。ここで成功しなかったら人生終わる、とまで思ってました。一方で、この道ならばいけそうな気がするという自信もちょっとあった。

松下　すごいっ。

魔裟斗　17歳でキックボクシングに転向して、21歳の時に、「K－1　J・MAX」（K－1　WORLD　MAXの前身に当たる興行）でチャンピオンになることができました。その後も節目節目で勝って、注目されるようになって、これを職業にしようと。

当時、周囲からは「頭おかしい」と思われていたけど（笑）。同級生はまだ学生だし、一緒に練習していた選手仲間から「何をそんなにがむしゃらに追い求めてるんだ?」と言われたこともありました。がめついな、と思われているというか。

松下　そんなことが……。

魔裟斗　若い頃って、そう思われるのが嫌な傾向あるじゃないですか。そこに葛藤しながらも、俺にはこれしかない、と。とにかく誰よりも練習しましたよ。

松下　そのストイックさに本当に憧れます。現役時

魔裟斗

代に一番つらかったことはなんですか？

魔裟斗　20歳からしばらくの間、所属先を変えるなどして、試合に出られなくなった時かな。練習場所もなくて、けっこうしんどかった。でも、走ることはできるな、シャドーボクシングはできるな、と。その時の自分ができることを黙々とやってました。そうしていたら、また道がつながっていったんですよ。あの経験は、今の自分にも生きてますね。

松下　なるほど。つらい時期は何を支えにされていましたか？

魔裟斗　支えは何もなくて、実家に帰ろうかなと考えたこともありました。でも、やめてどうすんの？と。心のどこかで、自分が何かで成功するチャンスがあるとすれば、K－1が一番でかいとも思っていたこともあって、踏みとどまりました。

松下　その時期を乗り越えて、2度の世界チャンピオンになられたんですね。最も思い出深い試合を挙げるとすると、どの試合ですか？

魔裟斗　08年に2度目の世界チャンピオンになった試合かな。ダウンを取られた後に逆転勝ちしてるのですが、身体が勝手に動いていました。無意識で戦っている状態は、まさに理想的で一番いいコンディションだといえます。

俳優さんも同じだと思いますが、格闘技は準備が90％。リングでは仕上げてきたものを出すだけです。あの時は、普段のスパーリングなど徹底的に反復してきたことが十分に発揮できました。

松下　舞台がまさにそうだなと思います。稽古でできないことは本番でできません。

魔裟斗　リングもそう。練習してきたからこそできる。

松下　ご自身の経験を若い選手にも伝えてらっしゃいますか？

魔裟斗　そうだね。若いうちは格闘技以外のこともいろいろやりたいし、お金も欲しいと思うんですよ。でも、今の僕があるのは、世界チャンピオンになったというのがすごく大きく、特に2回目は重い。「目先の金より名誉を取れ、名誉を取れないと10年

追われている感覚や
若い俳優さんが出てくる
プレッシャーはあるんですか？（魔裟斗）

あります。でも、
自分自身と闘って
いることが多いですね（松下）

後はないと思うよ」とよく言っています。これは俳優さんも同じではないですか？　演技賞などありますし。

松下　俳優業でいただく賞は、とても名誉なことですが、僕はそれが欲しくて頑張っているわけではなくて。俳優には明確な勝ち負けがあるようでなくて、ライセンスも不要だし、得点制でもない。さらに、評価には主観が入るのですごく曖昧です。ただ、賞をいただいた時に、自分のやってきたことは間違ってなかったんだなと思えました。自信にはつながりますね。魔裟斗さんのように、世界チャンピオンを背負い続けるプレッシャーの中で生きてこられたメンタルは本当にすごいな、と思います。

ひとつのことに没頭したからこそ得られたものは大きい

魔裟斗　今、自分が追われている感覚はあるんですか？　若い俳優さんが出てくるプレッシャーとか。

松下　あります。でも、どちらかと言うと、自分自身と闘っていることが多いですね。

魔裟斗　僕はチャンピオンになった時、みんなが食いに向かってくると感じました。その時に出した答えが、自分はチャレンジャーだというマインドへの切り替え。「俺が食いに行くぞ」って（笑）。すごくラクになりました。

松下　本当にすごいなぁ。魔裟斗さんのそういう考え方を若い方たちに伝えていらっしゃるのですか？

魔裟斗　特別な選手には、ポロッと言うことはあるかな。でも、そこまでの精神レベルに達するのは、本当のトップ選手だけです。それ以外の選手には響かない。少し前にアドバイスしたのは、武尊。彼はプレッシャーと闘っていましたから。

松下　トップを極めようとするからこそなんですね。
　魔裟斗さんは現役を引退された今もトレーニングを続けていらっしゃいます。それは、なぜですか？

魔裟斗　「魔裟斗」じゃなくなっちゃうからかな。

松下　もぉ……。かっこ良すぎます!!!

魔裟斗　見た目が変わっちゃうと、自分の基本が変わってしまうというか。現役時代は朝と昼の1日2回、多いときは1日3、4回やっていたけど、今は週4回くらい。楽しみながらやってる程度です。

松下　それでも十分すごいです。

魔裟斗　逆に、やりたくなるんですよ（笑）。現役で忙しかった時もつらかったけど、何もない暇な時間も同じくらい、もしくは忙しい時以上につらくて。最初はラクだな、プレッシャーなくていいなと思っていたけれど、世の中とのつながりもなくなってしまうしね。

今とても忙しいだろうから、少し休みたいと思うことあるでしょ？

松下　そうですね、正直少し思うときもありますが、何もしなくていいと言われるとつらいかもしれませんね。

魔裟斗　そう。引退後、よく言われるのが「ジムをやらないんですか？」ということ。

松下　魔裟斗さんがジムをやられたら、人気が出ますね。

魔裟斗　でも、それだと、こぢんまりしちゃうというか。ジムの会長になったら、基本的に毎日ジムにいなければいけなくなるし、他の仕事がやりにくくなる。自由度がないし、楽しくない。ジムをやらない理由はそこかな。

松下　ＹｏｕＴｕｂｅの「魔裟斗チャンネル」では、スパルタンレースとアクアスロンに挑戦されています。スパルタンは2回も出場されていますす。

魔裟斗　1回目に負けて悔しくて。結局はペース配分なんですが、初めてだしよくわかっていなくて、飛ばしすぎて、地獄でした（笑）。

松下　そこからもう1回やろうとする魔裟斗さんの負けず嫌いさ（笑）。

魔裟斗　あはは（笑）。

何かに挑戦している方が人生は楽しいですよね。うちの親父は定年後、70歳を過ぎても仕事をしようとしていたことがあって。「もういいじゃん、暇つぶしでしょ」と言ってましたが、今になって親父の

Guest 11

魔裟斗

気持ちがわかりました。仕事していた方が楽しいわな、と。

松下　だからこそのスパルタンレースなんですね。挑戦していく魔裟斗さんの姿は、僕が言うのもなんですが、少年のようでめちゃくちゃ楽しそうでした。挑戦し続ける姿は、本当にかっこいいので、読者の方にもぜひ見てもらいたいです。

魔裟斗　40歳を超えると、走ると腰が痛いとか、色々ありますが（笑）。しょっちゅうマッサージにも行くし。

松下くんは、趣味はあるんですか？

松下　うーん……。今は、ないかなぁ。

魔裟斗　ああ、わかります。僕も現役の頃はそうでしたよ。忙しくて趣味を持つ時間がないというか、仕事が趣味みたいなものというか。でも忙しさが過ぎてしまうと、趣味がないとつまんないなと思って、最近はバイクにも乗ってるんだよね。カスタムするのが楽しくて。たまに深夜2時くらいに目が冴えてしまって、ツーリングに行くこともある。

松下　バイクに乗ってる姿をＹｏｕＴｕｂｅで拝見しました。そのバイタリティーに、いつも刺激を受けています。

魔裟斗　ありがとう。でも、僕も現役の頃は他のことをやる暇はなかったし、トレーニングで疲れてもいるから、休みはのんびりしていたかった。温泉行きたいとかね。お酒は飲むんですか？

松下　はい、好きです。ただ、次の日が撮影で朝早かったりすると起きられなくなっちゃうかもしれないなと心配で（笑）。ご自宅で飲まれることはありますか？

魔裟斗　ありますよ、飲んでます。

僕は20代の頃は、馬鹿みたいにとことん働いた感じがあるんですよ。今思うと、がむしゃらにやってきてよかったな、と。周囲からは「そんなにお金が好きなの？」という顔で見られていたけどね（笑）。

松下　そういうことじゃないですもんね。

魔裟斗　そうそう。ひとつのことに没頭したからこそ得られたものは大きいですよ。

結婚して子どもができて、自分の親の気持ちがわかりました

松下　今後、何か挑戦したいことはありますか。

魔裟斗　チャレンジは続けますが、具体的にはノープランなんです。何もない時だからこそ、目の前にあることを一生懸命やっています。20歳で所属先を変わって練習場所がない時に、走ってシャドーボクシングやってた頃のことを思い出すんですよ。あの時もできることをやってたな、と。それが僕の生き方です。

松下　それが魔裟斗さんの精神なんですね。

魔裟斗　大人になるにつれて、新しいチャレンジはだんだん難しくなってきます。失敗が怖くなることもあります。

松下　はい、とてもよくわかります。

魔裟斗　まずは一度やってみる姿勢は持っていたいですね。やる前から断ってしまうのはもったいないなと思っています。でも、舞台だけはしない、絶対に（笑）。

松下　何にでもチャレンジする魔裟斗さんが（笑）。

魔裟斗　舞台をやる人は、本当にすごいなと思っています。膨大なセリフを全部覚えて、お客さんの前でやるなんて、怖くてできないよね。ＡＥＲＡ１冊分くらい覚えるんですよね？

松下　そうですね、長い時はそのくらいあるかな。

魔裟斗　そんなの絶対に無理ですよ。どうやって覚えるの（笑）。怖い怖い。

松下　セリフを覚え続けて13年くらい経つので、自分なりのコツはつかめたというか、慣れはあると思います。場合によっては、現場で覚えることもあります。

魔裟斗　それはすごい。やはり脳が鍛えられているんでしょうね。

松下　う〜ん、その点については、そうかもしれないです。

僕は独身なので、魔裟斗さんが奥様やお子さんを大切にされている姿にも憧れています。ご家族の存

Guest 11

魔裟斗

在は大きいですか？

魔裟斗　そうですね。最近、「魔裟斗さんのプランは、子どもですよね」と言われて。そう言われて初めて、そういうことかと。我が子をどう社会に出すか。それがいま、一番考えていることかもしれませんね。

松下　こんなかっこいい魔裟斗さんの背中を見ていたら、自ずと良い子が育ちますね。

魔裟斗　いやいや、家では甘々ですけどね（笑）。

松下　（笑）。

魔裟斗　結婚したのは、2度目のチャンピオンになる前の27歳の時です。妻にいろんなケアをしてもらったおかげで集中できました。

僕は結婚にも「何かを得るには何かを捨てる法則」を当てはめています。2度目の世界チャンピオンになるために、テレビの仕事や夜遊びなどを捨てて集中していったのと同じ。僕は、結婚と同時に女性を捨てたんです。

松下　おお（笑）。

魔裟斗　この法則は、正しいと思いますよ。他で遊んでいたら、家族を失うし、人生変わっちゃうだろうな。

いま36歳ですか？　いい年ですね。結婚願望はありますか？

松下　あります。

魔裟斗　そうなんですね。たぶん後々、パパになれるけど、きっと「もっと早くなっておけば、よかった」と思いますよ（笑）。かわいいし、もっと早かったらもっといろんなことできたのかな、とね。

松下　そういうものなんですね。楽しみです。

魔裟斗　結婚して子どもができて、自分の親の気持ちがわかりました。自分がいま子どもにやっていることは、親が自分にしてくれたことなんだなあ、と。親が与えてくれた愛情を再確認できました。

松下　そっか。僕はまだ経験していない部分です。

魔裟斗　俳優さんだし、結婚したらダメとかあるんですか？

松下　結婚願望はあるんですけど、今は仕事に集中してしまっているので、きっかけがなくて……。

魔裟斗　ノッてる時にした方がいいんじゃないですか。そして、話題になった方がいいですよ。

松下　その時は相談させてください（笑）。

魔裟斗　松下くんは、すごくしっかりしてますよね。無口な俳優さんも多い中、お話も上手で、優秀だなぁ、と。普段からこういう感じですか？

松下　人と話すのは好きなんです。ましてや今日は魔裟斗さんとお話しできてるので！

魔裟斗　ありがとう（笑）。

　とにかく、これからも走り続けた方がいいですよ。止まりたくなる時もあるでしょうけど、少しの気分転換をしながら走る。芸能界でずっと仕事を続けることは、並大抵のメンタルではできないことだと思いますけどね。

松下　そうですよね……。最近実感してきたところです。

魔裟斗　だから、適度な適当さを持って、真面目過ぎずに、楽しみながら。

松下　ありがとうございます。今日はお会いできて、本当に感激です。

　僕、実は格闘技は映像だけで、実際に試合会場へ行ったことがないんです。機会があれば、魔裟斗さんとぜひ一緒に行きたいです。

魔裟斗　あはは、そうだね、面白い試合があれば行きましょう。

松下　今日は本当にありがとうございました！

［2023年5月収録］

内側から輝く本物のゴールド

（やや呆然として）はああああ……。かっこよかったですね。胸がいっぱいです。握手をしてもらって、連絡先も交換させてもらいました。なんてこったい。

身体と心が密接に関連する格闘技の世界で闘ってこられた魔裟斗さん。僕も身体が資本の仕事という点では同じですけど、ちょっとくらいの二日酔いならば芝居はできてしまう。でも二日酔いで試合には出られません。この差はとても大きいと思います。アプローチの仕方がきっとよりストイックでしょうし、その中でも魔裟斗さんはトップクラス。自分の拳で誰かを倒したいという思いが闘争心の源かと思っていましたが、闘ってらしたのは自分自身でしたね。

「何かを得るためには、何かを捨てなければならない」という境地に立たれた理由もお聞きできました。これは職種に関係なく、どんな方にも響く精神だと思います。

僕の場合、音楽もやって芝居もやって、とやりたいことがたくさんあるので、ついつい欲張りになりがちです。真似できる部分は自分の人生に取り入れたいのですが、魔裟斗さんの精神を自分の中に入れこむのは、今の自分じゃ無理かもとも思いました……。

魔裟斗さんの色は、かっこいい「黒」にしようかなと思いましたが、やっぱりゴールドにします。ピッカピカではなく、レジェンド感のあるゴールド。お会いできて、本当に幸せです。ありがとうございました。

まさと／1979年生まれ、千葉県出身。17歳でキックボクシングを始める。2003年、08年にK-1 WORLD MAXで優勝し世界タイトル獲得。09年、現役引退。現在はタレント、格闘技解説、講演活動及びYouTube「魔裟斗チャンネル」を配信中

Guest

12

藤木直人

俳優

同じ事務所の先輩で、僕の永遠の憧れである〝おじき〟が来てくれました！　決して偉ぶらず、いつも優しい人で、今日も一段とかっこよかったです。

おじきみたいになりたいという気持ちがますます高まっています

松下　今日は所属事務所キューブの先輩、藤木さんに来ていただきました。よろしくお願いします！

藤木　よろしくね。（これまでの対談ページをめくりながら）こんなにやってるんだよね。みんな知り合いなの？

松下　いえ、この企画で初めてお会いした方もいらっしゃいます。獣医師の太田快作先生、川谷絵音さん、魔裟斗さんは初めましてでした。対談に特にルールはないので、いつも楽しくおしゃべりさせていただいています（笑）。

藤木　（笑）。

松下　いまの事務所に所属したばかりの時、大先輩の藤木さんとは共演はもちろん、お会いできる機会もほとんどありませんでした。事務所の創立記念パーティー、もしくは事務所で取材を受けている藤木さんに偶然お会いできたらラッキーで、「ひとことでいいからお話ししたい！」と願う憧れの存在で。

藤木　洸平くんと出会った頃のことで覚えているのは、当時事務所に所属していた「いきものがかり」が出ている紅白を、ホテルの大きめの部屋で事務所スタッフたちとみんなで観るという内々のイベントでのこと。俺は家族と一緒に参加していたら、マネジャーが連れてきていたのが洸平くんだった。大事に育てられてるんだな、という印象だった。
それとプリンスライブね。事務所の若手が歌ったり、踊ったりするんだけど、いつも中心にいるリーダー格だった。なんでも器用にできるんだなと注目してたよ。

松下　プリンス！（笑）。なつかしいです。とにかくいろんな人に知ってもらいたいという想いがあって、事務所の企画には必ず参加していました。

藤木　プリンスの中に、なぜか加藤諒くんもいてね（笑）。めっちゃくちゃ面白かったな。うちの事務所は、個性的な飛び道具がいっぱいいるからね。

松下　飛び道具って（笑）。

藤木　洸平くんみたいに正統派でちゃんと売れた人は初めてだと思うよ。舞台「母と暮せば」に出たのは２０１８年？　あの年がターニングポイントだよね。賞をもらって、翌19年がＮＨＫの朝ドラ「スカーレット」でしょ？　ようやく世間が気づいたかと思った。舞台などで地道に頑張って、力をつけてきたからだと思うよ。

松下　ありがとうございます。僕をはじめ、多くの若手が「おじき」みたいになりたいと思ってきました。僕がプライベートで「おじき」と呼ばせてもらうようになったのは、ずいぶん前ですね。

藤木　そうだよね。僕が蜷川幸雄さんの舞台に出させてもらっていた時、蜷川さんが立ち上げた若手俳優集団「さいたまネクスト・シアター」のメンバーと仲良くなって。彼らが「おじき」と呼んでくれたのが最初だね。

松下　ある時、ネクストの中のひとりが、藤木さんと飲んでると連絡をくれたんです。藤木さんと飲むなんて、めちゃくちゃうらやましい案件だったので「すぐ行く！」と。そうしたら、みんな「おじき」と呼んでいて、なにその距離の縮め方！　ずるっ！と（笑）。僕も「おじき」と呼ばせてもらっていいですか？と聞いたのが始まりですね。

藤木　俺は「おじき」で俺の奥さんのことは「姉御」、息子は「若」と呼んでくれている。もともと「おじき」なんてキャラじゃないのに、親しみを持

後輩に笑顔で接する。おじきの教えを実践しています（松下）

って接してくれることがうれしいよ（笑）。

松下　おじきとは17年に舞台「魔都夜曲」で共演させてもらいました。それ以降は、飲みに行かせてもらったり、ご自宅にお招きいただいたりして。いつも優しくて、おじきみたいになりたいという気持ちがますます高まっています。いつも爽やかでかっこよくて、本当に憧れています。

藤木　もう50歳だけどね。

松下　全然変わらないですよね。何か心境に変化はありましたか？

藤木　この年になれば、誕生日がきたからといって何でもないと思っていたけど、区切りっていうか、生まれてから50年の毎日を思ったし、この先50年のことも考えて、感慨深かった。50歳記念で髪に色を入れたんだ。

松下　それは緑ですか？

藤木　青を入れたんだよね。還暦は赤、百寿は白。じゃあ50歳は何色なのかと調べたら、還暦より前のお祝いは早寿で、色が青だとわかって。

松下　かっこいいです。いま、事務所内で僕より下の世代との関わりはありますか？

藤木　最近は、あまりないね。

松下　僕は36歳になりましたが、たまに事務所へ行くと、若い子が挨拶してくれるんです。中には10代の子もいる。人数が多くて、なかなか顔を覚えられないし、会った時にひとりひとりと深い話はできないけれど、ひとつ決めているのは、笑顔で「おつかれさまです」と言おうと。それは、おじきが教えてくれました。

俺の奥さんを「姉御」、息子を「若」と呼んでくれる（藤木）

藤木　そうだっけ？

松下　はい。出会ったばかりの頃、おじきが常に笑顔で接してくれたので。

藤木　ああ、なるほどね。ごまかし方を学んだのか（笑）。

松下　あれは、ごまかしだったんですか？（笑）

いつか僕にも後輩ができたら、同じように笑顔で接しようと思ってきたことを、いま実践しています。

うぁあ。初めての連ドラが「GTO」とは！

松下　デビューは、モデルとしてですか？　最初から俳優志望だったんですか？

藤木　え？　俺の話する？

松下　しましょう（笑）。

藤木　高校2年生でギターに出合って、ギタリストになりたいと思って。それは、少年野球をやっている子がプロ野球選手になりたいと思うのと同じだね。どうすればギタリストになれるのかわからない中で、テレビ番組で芸人さんがバンドをやっているのを見て、「芸能界に入れば少し近づけるのかな」と。とにかく芸能界に憧れた。

松下　そうだったんですね。

藤木　当時、風間トオルさんや阿部寛さんらメンズノンノ出身で活躍されている人がたくさんいて、メンノンのモデルになれば芸能界に入れると思い、オーディションに自分で履歴書を送ったんだ。最終選考で落ちたけど、しばらくしてレコード会社から電話がかかってきたのが、芸能界に入るきっかけだね。その電話で言われたのが、声を聞いたことがないのに「ボーカルっぽい顔してるね」と（笑）。

松下　（笑）。当時は大学生ですか？

藤木　そうだね。1993年のことで、21歳だった。電話を取ったのが僕の双子の兄で、「一緒においで」と言われて、2人でボイストレーニングに通うようになった。先生の中のひとりは、深沢敦さんで。

松下　そうなんですね！

藤木　レコード会社の人は、僕らをバンドに入れるつもりだったみたいだけど、兄は冷静な人間で「この話はやりたくない」と断ってしまって、宙ぶらりんに。でも僕は、大学でそれほどまじめに勉強していたわけでもないし、芸能界へのきっかけをつかみたいと思っていたから、役者の仕事にも興味があると伝えたら、その人の中高の同級生が社長をしていた（現事務所と連携している）リコモーションを紹介してくれた。

松下　えっ！　そういう経緯だったんですね。

藤木　リコモーションの顔は、生瀬勝久さんや古田新太さん。古田さんが出演されていたフジ系の深夜番組「ヤマタノオロチ2」を観ていたし、東京で活動を始めていた羽野晶紀さんもいたし、そんな事務所に入れてうれしかった。今考えると、自分の特性とは全く合ってなかったけどね（笑）。そこから月1回くらいのペースで色々なオーディションを受け始めて、94年に資生堂のCMに選ばれた。

松下　さすがです。事務所に入ってすぐじゃないですか。

藤木　さらに、その年の年末に、事務所関係者の結婚式があったらしく、事務所スタッフがフジテレビの人と隣になって、映画「花より男子」の〝F4〟がなかなか決まらないと。そこで僕の資料として資生堂のCM映像を渡し、オーディションを受けて、花沢類を演じることになった。

松下　「花より男子」がデビュー作なんですね！　出会った方の目にとまって導かれたんですね。

藤木　いやいや。最初にいい役をいただいたし、自分はとても運がいいと思ってるけど、実力が足りなかったから、その後はなかなか続かなかった。ある時、出演が決まっていたドラマの顔合わせ直前に企画変更があって、決まっていたキャストのうち俺だけが外されたこともあった。これは自分に何かが足りないんだなと痛感して、そこからなるべく多くの作品を観て勉強するようになったかな。

松下　ターニングポイントのような出来事はありましたか？

藤木　98年、フジテレビ系ドラマ「ＧＴＯ」への出演が決まったことかな。初めての連ドラで、反町隆史さん演じる高校教師、鬼塚英吉の親友の警察官役でね。

松下　うぁあ。初連ドラが「ＧＴＯ」とは！

藤木　俺の役は当初、別の役者さんに決まっていたんだけど、でも「違う」となって、急きょオーディションがあった。そこに声をかけてもらって参加したら、その日のうちに、プロデューサーから「藤木でいくから。頑張れ」と。でも、いざ撮影が始まったら、俺も芝居がわかってないからすごく叱られたよ。すでに撮影してるのに「とりあえず気合が足りないから丸坊主にしてこい」と言われたこともある。

松下　えー、うそでしょ……。

藤木　当時、自分に何かが足りないのはわかるけど、何で埋めていいのかわからなくて悩んで。自宅のそばの交番に行って、警察官は金髪にしていいのか、ヒゲを生やしていいのか、とあれこれ質問したこともある。結局、スプレーで金髪にして役作りをしてね。でもドラマのオンエアが始まったら、視聴率がよくて、誰も現場で僕の演技については、あまり言わなくなった。

松下　そんなことがあったんですね。リアルタイムで、楽しみに観てました。

藤木　ありがとう。その後00年、フジテレビ系ドラマ「ナースのお仕事（パート3）」の観月ありさちゃんの相手役を務めて、その翌年に月9の「ラブレボリューション」に出演。この時はメイクさんやカ

結婚願望あるの？
家族を持つのは
楽しいよ（藤木）

メラマンら多くの人が、どうすればかっこよく見えるかをすごく考えてくれて。そのおかげもあって、いわゆるブレークすることになった。

松下　話題作に次々と……！　当時はテレビドラマはみんなが観ているものでしたし、反響も大きかったですよね。

藤木　そうそう。視聴率が20％に届かないと「低い」と言われてたからね（笑）。

松下　今では、考えられない話ですよね。

おじきとご家族をみて、「理想だな、あんな風になりたいよな」と（松下）

僕は藤木家の養子になりたいと思っています

藤木　洸平くんはカンテレ・フジテレビ系ドラマ

「合理的にあり得ない」（23年）でルービックキューブをしてるよね。

松下　はい。撮影前に教えてもらって、練習時間をとっていただいたんですが……。努力はしたんですけどね。

藤木　オンエアは観たよ。

松下　カメラに映らないようにプロの方が僕の後ろから腕を入れて、カチャカチャと（笑）。

藤木　それ言っちゃっていいの？（笑）。みんな洸平くんがやってると思ってるでしょ。

松下　いえ、放送後は言ってもいいらしいです（笑）。

藤木　あはは（笑）。とりあえずやってみようよ。1面だけでも揃えてよ。

松下　いやいや……、僕は原理もなにもわかってないから。（藤木さんの手元を見て）えっ。

藤木　（約25秒で6面揃えて）よし、できた。

松下　はやっ！！　なんですか……すごすぎる。

藤木　これ仕事にしてるからね（笑）。

松下　どの現場でも「ルービックキューブの練習している」と話すと「藤木さんに教えてもらえばいいじゃん」と言われます。界隈で、どんだけ有名なんですか（笑）。最初に黄色を揃えるんですよね？

藤木　何色でもいいんだよ。まずは自分の色を決めるということで、俺は赤。揃える時に自分の色を決めていると、位置がわかりやすいんだよね。

松下　そういうことか。

藤木　何色でもできる人もいるよ。6色全部できると、その時々に応じて一番早くできる色から揃えていくことができる。でも、普通の人はやっぱり、自分の色を決めた方がいいね。（松下さんのルービックキューブを手にして）やってあげるよ。

松下　はやっ。うぁあああ。待ってくれよぉ（笑）。全然普通の人ではないですね！

藤木　ルービックキューブはサイコロと一緒で、面の関係性は変わらないわけ。白の反対が黄色、赤の反対がオレンジ、緑の反対は青。日本配色と世界配色は若干違うんだけどね。そして、面の中央にあるキューブは動かない。それを考えると揃えやすいでしょ。幼い頃にルービックキューブやってなかった？

松下　ええっと……。地元にルービックキューブはなかった気がします。

藤木　届いてなかったか（笑）。80年代の初め頃、僕が小学生の時に世界中でルービックキューブブームがあったの。まだ生まれてないのかな？

松下　僕、87年生まれです。

藤木　うん。だからだよ。

松下　（笑）。だからだよ、って。優しいな（笑）。

藤木　最近またすごく流行ってるらしくて、小学生とかがみんな結構やってるんだよ。俺が手書きした自作の解説書をあげるよ。

松下　やったぜ。うれしい。

藤木　山﨑賢人くんに頼まれて作ったんだ（笑）。

松下　賢人くんと僕は、おじきに釣りに連れていってもらったんですよ。TBS系ドラマ「アトムの童」（22年）での共演が決まったタイミングでしたね。

僕は釣り初心者だから何もわかってないので、おじきが船の手配など全てやってくれました。糸がからまったらほどいてくれて、ルアーもつけてくれて。僕は糸をたらしてるだけ（笑）。その後、ご自宅にお邪魔して、釣った魚をさばいてもらうという贅沢な一日でした。おじきが本当に優しくて、僕は藤木家の養子になりたいと思っています。

藤木　あはは（笑）。俺がお酒を飲んで寝てしまった後、ベランダの子ども用プールに入って、うちの子どもたちと遊んでくれてたよね。

松下　その節は、すみませんでした。お借りしたTシャツも短パンも、自前のパンツもびしょびしょにして、最後は替えのパンツまでいただきました。最低ですよね……。

藤木　いや、最高だよ（笑）。俺、「アトムの童」に貢献してるよね（笑）。ドラマの中で描かれた洸平くんと賢人くんの友情にいい影響があったはず。

松下　ありました！　賢人くんと仲良くなれたのは、

おじきのおもてなしのおかげです。本当にありがとうございました。
　ご自宅にお邪魔した時、ふと見るとカウンターでおじきとご家族の皆さんがワイワイ楽しそうにお話しされていたんです。賢人くんと2人で「まじで理想だな。あんな風になりたいよな」と言い合ったことを覚えています。

藤木　結婚願望あるの？

松下　ありますよ！

藤木　子育てはめちゃくちゃ楽しいよ。小学生になると勉強も始まるから、かわいいだけじゃなくて、大変なことも出てくるけどね。

松下　ご結婚されたのはおいくつの時ですか？

藤木　33歳かな。ありがたいことに1年後には子どもが生まれて父親になった。一応、ワーキャー言われていたから当然、離れていくファンもいたと思うよ。若い頃、駅前で撮影していたらファンに一気に囲まれたことがあって。車に避難したら、窓ガラスをバンバン叩かれるの。それこそスターになった気分で、そこにしがみつきたい気持ちもあったけど（笑）。でも、それ以上に家族を持つのは楽しいよ。

松下　いいですね。趣味があって、ご家族を大事にされていて、という姿に本当に憧れています。

化けの皮が剥がれるんじゃないか、と不安だった

松下　舞台「ハリー・ポッターと呪いの子」で今夏、ハリー・ポッターを演じられます。舞台はいつぶりですか？

藤木　20年2月の「グッドバイ」以来だね。今回のハリー・ポッターは昨夏に開幕して、全席完売の公演も多数出ている人気作。「新しいハリー・ポッター役のオーディションを受けませんか」というオファーがあって挑戦したんだよね。

松下　オーディションだったんですね！

藤木　そう。決まった時は子どもたちが大喜びで、2番目の娘は跳びはねてたよ（笑）。ハリー・ポッ

ターの映画は観てた?

松下　……観てないんです。

藤木　(笑)。俺も観てないから、今回改めて観たよ。舞台では、戦いのシーンではかなり動くし、魔法もある。演出、振り付け、イリュージョンまで全て海外のチームが担当していて、通訳はつくけれど細かいニュアンスの共有などが難しいかな。

松下　そうなんですね。(パンフレットを見て)特別席の「9と4分の3番線シート」って?

藤木　ホグワーツ特急が出発する「9と4分の3番線」にちなんだチケットだね。マグルには行けないホームだよ。

松下　……マグルとは?

藤木　普通の人間のことだよ。

松下　知らないことだらけだ……。おじきの舞台でハリー・ポッター初体験します! 舞台に向けて、いつもどんな準備をされますか?

藤木　それは俺が逆に聞きたいよ。舞台の時に前もってすることはあるの?

松下　特にないかも(笑)。

藤木　根本的なことだけど、役作りはどうやってしているの? 演技の勉強はしたの? ドラマだとセリフを覚えている人が集まって撮るだけじゃない。でも舞台は1カ月くらい稽古の時間がある。そこで教わるのかな。

松下　はい。僕はすごく恵まれていて、演出家さんに台本の読み方などイチから教えていただきました。

藤木　いいなぁ、うらやましいな。今回の演出はみんなでディスカッションしながら作っていくスタイルで、これは舞台でもあまりないことだよね。

松下　いいですね。僕は勝手に裏設定を決めることがあります。両親の名前などを細かく決めて、役に入りこんでいきます。

藤木　なるほどね……。洸平くんは俺とは違って、こつこつ下積みをして、ちゃんと力をつけた状態で花が咲いた。売れる前は焦っていたかもしれないけど、結果的によかったと思うよ。土台がしっかりしていて素晴らしいし、とても頼もしい。

松下　そんな風に言っていただいて、うれしいです。

藤木　俺のコンプレックスは、きちんと演技の勉強をしたことがないということ。なのにブレークしてしまって、どの現場でも常に化けの皮が剥がれるんじゃないか、と不安だった。当時のチーフマネジャーの考え方は、できるだけ俺を隠して商品価値を高めようというものだったから。プライベートは一切出さず、数人のスタッフとだけ行動して。

松下　そうだったんですね。

藤木　でも、こんな経験のない人間がたまに行く現場で何ができる？　当然何もできなくて、劣等感が募ったりもした。だから、もっとたくさんの場所に行き、いろんな人に会って勉強したい、と考えて、01年にマネジメントチームの体制を一新。ニューヨークのアクターズスクールに1週間だけ通ったのもこの頃。それだけで何かになるわけでもないけど、いろんなメソッドを知りたかったから。

松下　演技の勉強って、難しいですよね。すればするほどうまくなるわけではないですし。

藤木　そうだね。新体制になって間もない05年、「おしゃれイズム」（日本テレビ系）のMCの話がきた。役者はプライベートを出すのはよくないような気もしていたし「MCなんて無理だ」と言ったら、事務所の社長から「くりぃむしちゅーの上田晋也さんがいるから大丈夫だ」と。実際にその通りだった。上田さんは天才だし、（森）泉ちゃんも天真爛漫で楽しくて。

松下　僕もバラエティー番組「ぐるナイ」（日本テレビ系）の「ゴチになります！」の話をいただいた時に悩みました。その時、おじきの話になり、そこで経験したことを、本業に生かせるのかな、と思って出演を決めました。結果的にやってよかったです。

藤木　「おしゃれイズム」以降、バラエティー番組にゲストで出る時に何を求められているのかも前よりわかるようになった。上田さんが俺が出ている番組を観て「すごくサービス精神のある役者になったね」と言ってくれたのがうれしかったな。

多くのゲストと会うことは人生経験になるし、回り回って、役者としてプラスになることもある。同じように、子どもを授かったことも自分のためになったと思う。子どもが幼稚園に通い始めて、いわゆるパパ友ができると、いろんな職業の人とコミュニケーションをとることも自分のためになったね。

松下　バラエティーに出ることや、ご家族の存在が俳優業に生かされているんですね。

藤木　うん。まだまだ芝居は難しいと思っているけれど、少ない自分の引き出しを埋めてくれるものとして重要だった。あと、俳優の伊藤英明くんと出会ったことも大きかったな。彼は僕らの世代のスターなんだけど、めちゃくちゃオープンで誰とでも友達になる。一緒にいるうちに、俺自身も変わったかな。

松下　いつも自然体で飾らない姿勢には、伊藤さんの影響があったんですね。これから先、お芝居以外でやりたいことはなんですか。

藤木　ライブは続けたいな。高校2年生でギターを手にした時からギタリストになるのが夢だったから。楽しみにしてくれているファンがいるから、続けたいな、と。

松下　ぜひ僕もライブに伺わせてください。今日は、ありがとうございました。これからもよろしくお願いします！

［2023年6月収録］

さわやかな笑顔に似合う黄色

これまで出演されてきたドラマや映画が、僕の青春とズバリ重なる話題作ばかりで、裏話をたくさん聞くことができて、今日はとても楽しかったです。ここには書けないことばかりでしたけど（笑）。

まさにスターですが、ご本人に自覚が全然なくて、いつも自然体なんです。舞台を一緒にやらせていただいた時などに、キャストみんなで食事に行くことがありましたが、変装もせずあのまんま行くから我々はドキドキ。でも、おじきは至って普通で。どこに行っても飾らない人柄で、「俺についてこい」的な姿勢は一切ないですし、後輩にはとにかく優しい。叱ることなんてないんじゃないかな。

今日は、ギラギラした時期のお話も聞けたらと思っていましたが、そもそもそんな感情は持ち合わせていない方でした。お芝居を学んだことがないことがコンプレックスだとおっしゃっていましたが、それはある種の原動力でもあったのだと感じました。

おじきはいつも挨拶すると同時にハグをしてくれるんです。我々後輩からすると、本当にうれしい習慣だったのですが、それは俳優の伊藤英明さんの影響だったとは、初めて知りました。ご家族や友人との関わりが、「藤木直人」を形作っていることがよくわかりました。さっきも別れ際にハグしてくれて、藤木スマイルもいただきました。

12年前に初めてお会いした時から、僕はおじきの笑顔にやられっぱなしです。いろんな色を持っている方ですが、笑顔のような明るい色を選びました。これからも永遠に、僕の憧れです。

ふじき・なおひこ／1972年生まれ、千葉県出身。早大在学中に映画「花より男子」で俳優デビュー。音楽活動も精力的に行い、1999年にメジャーデビュー。これまでのライブ本数は250本を超える。TOKYO FM「SPORTS BEAT」メインパーソナリティー

Guest

13

高須光聖

放送作家

疲れた時やリラックスしたい時、高須さんのラジオを聞きます。どこか懐かしくて、面白い世界に浸ると癒やされるからです。その声の主にお会いできて、幸せな時間でした。

ええーっ⁉

「放送室」で「スカーレット」？

松下　はじめまして。よろしくお願いします！

高須　こちらこそ、よろしくお願いします。昨日、編集部の担当者に電話して「話すテーマは何かありますか？」と聞いたら、「何もないです」と言われて……。

松下　いつもゲストの皆さんには、手ぶらでお越しいただいて、ただただ自由におしゃべりさせていただいています。

高須　そうなんですね。では、リラックスして（笑）。

松下　はい（笑）。

高須　今回の件で連絡をいただいた時、最初は何かの間違いかなと思いました（笑）。

松下　高須さんにいつかお会いしたいと思っていたんです！　僕は、お笑いが好きで、中でもダウンタウンさんがすごく好きで。高須さんが放送作家として初回から関わってらっしゃる「ダウンタウンのガキの使いやあらへんで！」（日本テレビ系）は毎週欠かさず観てましたし、高須さんと松本人志さんがパーソナリティーのラジオ「放送室」（TOKYO FM系）も聴き続けた青春時代でした。高須さんの番組によって僕自身が形成されたようなところがあって。

Guest 13

高須光聖

高須　それはうれしいなぁ。「ガキ使」は、おいくつくらいから観てましたか？

松下　小学生の頃ですね。

高須　あんなん小学生から観てていいんですかね。昔は特に刺激的な企画が多かったですからねぇ（笑）。もう34年目なんですよ。

松下　僕は今、36歳なので、まさに「ガキ使」とともに大人になりました。

高須　いやいや、すごいことになってるなぁ。なんだか申し訳ないですね、大丈夫かな……。

松下　「ガキ使」を観ていると、時々、収録スタジオから高須さんの笑い声が聞こえるんですよね。

高須　えっ。ほんとですか？

松下　いつもとても楽しそうだなと思ってました。挙げだしたらキリがないくらい、好きなコントがたくさんあります。ラジオの「放送室」は２００９年の終了後も、何回も聴いてます。

高須　ありがとうございます。「放送室」は今回の松下さんもそうですけど、意外な人が聴いてくれていてびっくりするんですよね。先日もある番組で、サッカー元日本代表の内田篤人さんにお会いしたら、「ずっと聴いてました」と言ってくださって。あんなん聴いてて試合できます？と（笑）。「海外でもずっと聴いてました。ひとりで夜に聴くといいんですよね」と言ってくれて。

松下　いや、わかります。特にＢＧＭがかかるわけでもないのが、またよくて。幼なじみの高須さんと松本さんが小学生の頃の話をされていると、自分の原風景を思い出すようなノスタルジックな気持ちになるんです。お金がなかった話や、個性豊かな同級生の話とか。

高須　みんな強烈なんですよね（笑）。そんな話で喜んでいただけたことは、ありがたいことです。ただ、僕と松本が元気よくて面白い回もあるんですけど、３本録りの３本目とか、驚くほど中身のない時もあるでしょ？　２人とも声は出してますけど、なんにも響かないという。

松下　（笑）。それが好きでした。僕は「ひと目盛り

今の自分は全くもって、おまけがでかすぎる（高須）

ちょうだい」の話が大好きです。

高須　小学生の頃、土曜日にお昼ごはんを食べてなかった浜田が、僕の家に来て、カップ焼きそばを「ひと目盛りちょうだい」と言うやつね（笑）。

松下　それにしても……。毎週ラジオで聴いていた声を、いま直で聴いているので、不思議な気持ちです。

高須　あはは（笑）。「放送室」は、僕も松本も忙しくなり、会議以外で話す機会がなくなった時に、以前みたいに世間話しながら、面白いこと考える時間にしたいという趣旨で始まったんです。松本と今の世の中で「こんなんおかしいと思わない？」と話したことは、後々の「ワイドナショー」（フジテレビ系）につながる企画になり、「人志松本のすべらない話」（同）も「放送室」での話の延長線上で始まりました。

松下　「すべらない話」について放送室で話されていたことは、とても印象的でよく覚えています。「芸人ならば誰しもひとつは持っている面白い話を、ただしゃべるだけというのは企画としてアリじゃないか」と。

高須　そうです。フジテレビのプロデューサーに提案して、最初は「数字取れないだろう」と言われて深夜帯でしたが、ゴールデンになりました。

松下　すごいですね。僕は「放送室」を聴き続けた10代と20代を経て、32歳の時にNHK連続テレビ小説「スカーレット」のオーディションに受かりました。ドラマの舞台は滋賀県の信楽。僕が演じたヒロインの相手役は大阪生まれの設定で、関西弁はマス

朝ドラでの
僕の関西弁は
高須さんのおかげ（松下）

トだったんです。

高須　それは大変でしたね。

松下　でも、僕は「放送室」で耳が慣れていたので、関西弁で困ることが一切ありませんでした。出演が決まってからは「放送室」を毎日のように聴きまくって、改めて耳で覚えました。

高須　ええーっ!?「放送室」で「スカーレット」？

松下　そうです（笑）。

高須　それは大変ありがたいですけど……。そんなこと言っていいんですか（笑）。

松下　方言指導の先生には、時代によって言い方が違うところを少し直していただくくらいでした。朝ドラでの僕の関西弁は、ほぼダウンタウンさんと高須さんのおかげです。

近況を話していたら、松本が「俺らのブレーンにならへん？」と

松下　「ダウンタウンのガキの使いやあらへんで！」などを手がけてこられた高須さんは、浜田雅功さん、松本人志さんと幼なじみでいらっしゃって、深い絆を感じます。

高須　浜田とは幼稚園から一緒で、松本とは尼崎市立潮小学校の1年3組で出会いました。尼崎は、ちっちゃな街なんですよ。当時は小学校の1学年は3クラスで、１００人いるかいないか。そんな狭いところでたまたま同級生になり、よく遊んでいただけであって、「深い絆」みたいなきれいごとでは全然ないんですけど、不思議な縁ですよね。彼らがいなかったら僕はこの業界に入っていませんから。

高校卒業のタイミングで、浜田がたまたまNSCのチラシを見つけて1期生になり、就職が決まっていた松本を誘ったわけです。松本は印刷所への就職が決まっていたんですけど、NSCに入った。その次に、松本が僕を誘ってくれました。僕が大学を卒業して、東京での仕事がダメになった頃のことです。

松下　東京で何のお仕事をされる予定だったんですか?

高須　インポート雑貨の買い付けです。学生時代に初めての海外旅行でインドに行ったんですが、大変すぎて、すぐに隣のネパールに逃げました。しばらくネパールで過ごし、ゆっくりインドになじもうと思ったら、そのネパールで、当時30代の日本人男性と出会って意気投合。彼は東京で雑貨店を開く計画をしていて、海外での買い付けを手伝ってくれへんか、と。楽しそうでいいなと思って、就職させてもらうことにしたんです。

でも、その方が体調を崩して、出身地の九州に帰ることになって。僕はテンション高く東京に来たものの、仕事がなくなってしまった。実家に帰ろうかな、とも思いましたが、母親に言いにくくて、アルバイトをしてました。そんな時に、東京に仕事で来た松本と中野坂上のファミレスで食事をして。

松下　おいくつの時ですか?

高須　24歳か25歳ぐらいかな。「最近、どうなん?」という感じで、近況を話していたら、松本が「俺らのブレーンにならへん?」と。当時、松本は大阪で人気が出始めていた時期で、これから東京に出ていくためには仲間が必要だということでした。僕にできるかな?と思ったんですけど、松本は「できるよ」と言ってくれたんです。あれがなかったら、今頃はようやく慣れたインドで、チャイでも飲みながらぼーっとしてるんじゃないかな。

松下　(笑)。最初から放送作家として呼ばれたんですか?

高須　そうです。松本は「ダウンタウンぽいコントを書ける作家がいない」と言ってました。彼は僕がお笑い好きなことをよく知ってましたし、小学生の頃から「日本人がスーパーマンを演じるなら誰がいいか」みたいなしょうもないことを一緒にやってたから、できると思ってくれたんですかね（笑）。

松下　そこからテレビの世界に入られて。

高須　そうですね、ただ、今みたいな未来は全く描いてませんでした。僕の頭で通用するわけがないと思っていたので。35歳くらいには、もうこの業界にいてないだろう、他の仕事を探さなあかんな、と考えてました。松本も以前「40歳で引退」と言ってましたが、同じ気持ちだったはずです。

松下　でも、高須さんは40歳のお誕生日を武道館で祝われてますよね？　松本さんとともにパーソナリティーをされていたラジオ「放送室」の公開録音「高須ちゃん生誕40周年祭り」で。

高須　ははは（笑）。こんなにやれるとは全然思ってませんでしたよね。最初は、東京でゴールデン番組をひとつやれたら、自分の思い出になっていいかな、くらいでしたから。その次にミレニアムの2000年までは売れっ子でいよう、その次は東京五輪までは頑張ろう、とちょっとずつ目標を延ばしてきましたが、今の自分は、全くもって、おまけがでかすぎますね。

松下　アイデアが枯渇するようなことはありますか？

高須　もちろん枯渇してると思います。ただ、僕は以前、お亡くなりになられた教授（坂本龍一さん）に、その質問をして、とても怖い顔で睨まれたことがあるんです（笑）。

　1994年、教授に「ゲイシャ・ガールズ」のプロデュースをしていただいて、レコーディングで1週間くらい毎日一緒に過ごしました。お弁当を2人で食べることもあり、教授が僕の話をいつも楽しそうに聞いてくれるから、その流れで「年齢いくと才能は枯渇しますか？」と調子に乗って聞いたら、急に強い目で僕を見て「しないよ」と。教授のあんな顔を見たのは後にも先にもあの時一回きりです。

松下　そんなことがあったんですね。

高須　僕はいろんな人に同じことを聞いてるんです

よ。亡き（立川）談志師匠は「才能は枯渇しないけど、集中力がなくなる。集中力さえあれば、技術と経験があるからまだまだできる」とおっしゃってました。僕も年齢とともにアイデアが出るスピードも遅くなっているけど、のたうちまわっていると、たまーにいいものができることに変わりないと思っています。そして、いくつになってもお仕事に呼んでいただけるのは、やっぱり楽しいですよ。

松下　現場でああでもないこうでもない、と時に苦しみながらも創っていくことを楽しんでいらっしゃるということですね。

トラブルやアクシデントが案外新しいものに繋がる

高須　役者さんという仕事を選ばれたきっかけはな

お笑いを「きれい」と表現されることが素敵です（松下）

番組への愛情があれば神様がたまにいいものをくれる（高須）

んですか。

松下　最初は、21歳で歌手としてデビューしました。あまりうまくいかず、音楽を続けるべきか悩んでいた時に、たまたまお誘いいただいた舞台のオーディションに受かり、出てみたら、すごく楽しかったんです。そこからお芝居を始めました。

高須　ミュージシャンなんですね！　多才やなぁ。先日、僕の娘が舞台に出たんです。すごくしごかれたみたいですが、楽しくやってました。僕は送り迎えをしながらサポートしましたが、すごく気を使ったんです。風邪ひけないじゃないですか。ケガもできない。当たり前のことですけど、僕そういうの大っ嫌いなんですよね。

一応、僕も責任持って体調管理はしてますけど、風邪ひいてもパソコンの前で書いて送っておけばなんとかなります。でも舞台は替えがきかないじゃないですか。気持ちを盛り上げながら、疲れてストレスもある中、風邪をひかずに最後まで走り切るって、とんでもない仕事だなと。朝起きて、「やべっ、のどがちょっとおかしい」という時は、どうするんですか？

松下　ものすごく原始的ですが、必死ではちみつなめて、のど飴なめて、加湿して。

高須　やっぱり大変やなぁ。

松下　娘さんは後々、そういう道に進まれるんですか？

高須　そこまではないと思いますが、スタンディングオベーションを何度も受けて、たぶん不思議な快感を得ているんじゃないかなとは思います。

舞台をされていて、「今日はいいぞ」というのは、最初からわかるものですか？　それとも幕が下りた時に思うんですか？

松下　舞台はバトンリレーに似ていて、最初に登場する人がうまくいくと、その後もずっとうまくいくことが多いです。僕自身のお芝居では「我ながら、今日はよくできたな」と思う日に限って、演出家からダメだしされたり、その逆もあったりします。高須さんも番組作りで、そんなご経験はないですか？

高須　僕の場合は、良いものは最初からパーンとはまって良いですね。ただ100点ではなくて、90点くらいかな。未来にもっといい企画になるかもしれないですから。逆に自分がダメだと思ったものが、いい評価を得たことはないです。誰よりも自分が自分を後押しできなくて。

松下　なるほど。

高須　長年やってると思い通りにならないことも結構あって。撮ってきた素材が違ったり、「ダウンタウンのガキの使いやあらへんで！」の会議でも、イヤーな空気になって、あれれ、ということも何度かありました（笑）。何人ものスタッフが打ち合わせを重ねてロケハンもして、これでいこうと決めたことでも、演者さんの一声でボツになることだってありますからね。でも、そんなトラブルやアクシデントが案外新しいものに繋がることも多くて。

松下　そうなんですね。

高須　番組への愛情があれば、どう編集したら面白くなるかと考え続けることができますから。そうすると神様がたまにいいものをくれるんですよ。

いま松下くんが言った「舞台でのバトンリレー」と一緒だったと思うのは「ＩＰＰＯＮグランプリ」（フジテレビ系）です。大喜利をちゃんとしたシステムに仕上げたいと考えた企画です。

まず、松本（人志）をチェアマンにして、5人ずつ2チームに分かれ、互いに採点するスタイルを決め、お題の出し方や採点方法に微妙な修正を加える中で、「一本」というきれいな言葉が出てきた。以前は「座布団一枚」と言われていたことですが、誰もが面白いと思うものは、柔道の「一本」と同じ気持ち良さがある。いい言葉やな、と。

松下　そうですね！

高須　演出からも、どアップにした顔がパパパパッと消えて、全部消えたら「一本！」としたら、めっちゃいいやん、と。どんどんよくなって、全てが良い方向に転がっていきました。だから、出来上がりがきれいですよね。

松下　お笑いという形のないものを「きれい」と表

現されることが素敵です。

高須　「IPPONグランプリ」の出演者は胸元に黄色い羽根をつけています。僕は、「ザテレビジョン」（KADOKAWA）の表紙でみんなレモンを持っているのがすごく好きです。あれだけで埋もれない。小さいことですけど、黄色い羽根が付いている写真を見たらIPPONだとわかることって、とても大事だと思うんですよね。

松下　アイデアはいつ生まれるんですか？　常に企画のことを考えていらっしゃるんですか？

高須　ずっと考えているかも。僕はテレビを観て笑うことはほとんどないです。仕事としてチェックしてしまうんですね、なるほどなぁ〜とか。だから昔みたいに楽しめない。ちょっと違いますけど今日、たまたま映画「キングダム　運命の炎」のワールドプレミアの様子をテレビで見ましたが、うわー、この並びはスタッフさん大変やなーと。

松下　どういうことですか？

高須　出演者たち13人が舞台に横一列に並んでて、主演はもちろん中心にいるんだけど、端っこはこの人でいいのかな、端っこの方の人笑ってないなぁとか、質問を聞く順番はそれでいいんか？とかね（笑）。マネジャー含め現場は大変やな、気ぃ使うやろな、あっ、これでコントできるな、と思ってね。

松下　結局そっちに考えがいくんですね（笑）。

笑いを我慢することはできないんだなと思ったんです

高須　放送作家って他人のことはわかるけど、自分のことはさっぱりわからないんですよ。今日も俳優の松下さんと対談させてもらって。ぶっちゃけ、僕ってどういう存在ですか？

松下　大作家です。

高須　……。いや、大作家ではないですけどね（照）。妻が自分の番組を観てケラケラ笑いながら「面白いじゃない！」と言ってくれるとうれしいですけど、自分の立ち位置がいまいちわからないんですよね。と言いながら、独身時代は、食事やデート中に僕がやった番組の話がぽろっと出たりすると「オレ、実はそれやってるよ」なんて、さりげなく自慢してましたけど（笑）。

松下　あはは（笑）。

高須　自分のホームページに、これまで担当した番組タイトルを書き出したら300くらいあるんです。それなりに頑張ってきたなと思って。今またちょろっと自慢入れましたけど（笑）。

松下　（笑）。300はすごいですね。僕は、高須さんの「TED×Tokyo」（15年）でのプレゼンがすごく好きです。「笑いは、コンプレックスの中に潜んでいる。そのコンプレックスに勇気を持って向き合ったら笑いが起きる。それが自分自身の最高の武器になる」と。

高須　そんな話、しましたね。役者さんも芸人も、自分をさらけ出すことが〝振り〟になって、面白みと色気になると思うんです。貧乏だったり、背が低かったりといったコンプレックスに向き合って、口に出してみたら、笑ってもらえた。「これおいしいな」と気づいたら、強いですよ。アインシュタインの稲ちゃん（稲田直樹）とか、もう何をやっても面白いですからね。

松下　笑いにその場を支配できる、ともおっしゃっていました。

高須　そうですね。ただ、その時間が短いんですよ。みんなで大笑いした後に、ふわーと普通に戻って「で？」みたいな。

松下　あはは（笑）。「絶対に笑ってはいけない」シリーズ（日本テレビ系）は、どういう経緯でできたんですか？

高須　あれは松本から上がった企画が発端ですね。僕は、おじいちゃんが亡くなって、火葬場でお骨になるのを待つ時間に、親類が食事しながら大笑いしていたことに、子どもながらに「こんなもんなんだ」と思った記憶があるんです。さっきまで泣いていたおばあちゃんも、笑いながらお酌してる。悲しみがピークでも、何かのきっかけで笑ってしまうねん

高須光聖

な、と。笑いを我慢することはできないんだなと思ったんですよ。そのことも「笑ってはいけない」の構成につながりました。

松下　人って笑っている間は、悲しみから解放されたりしますよね。疲れた時に、ふとお笑いを観たくなる人が多いということもよく聞きます。

　今、配信も含めて媒体が増えました。色々な主戦場がありますが、高須さんはどう考えていますか？

高須　もちろん、テレビですね。企画を思いついたら、すぐにロケができる瞬発力があります。すごい演者さんを使わせていただいて「今」のことができるのは、やっぱりテレビ。まだまだテレビへの信頼はあると思っています。ただ、テレビを守っていきたいとか、そんな大そうには考えてなくて、出しどころが面白いところを選ぶのがいいのかなと思っています。

松下　なるほど。

高須　お芝居には、脚本と演出、編集があるから、自分の中では100点までやれたけど、オンエア観たら「あれ？」ということもありますか？

松下　そうですね……、なくはないかもしれません。芝居は団体戦だと思うので、最近は、できるだけ細かいところまで想いを伝え合って、監督とも共演者とも一丸となった状態でよーいドンするようにしています。緊張もしますが、後悔するよりビビらずに言うほうがいいなと思って。

高須　そこで勝ち抜いていかなければダメですもんね。

松下　これから新しくトライしたいことは、ありますか？

高須　いま渋谷の再開発を一緒にさせてもらっているんです。これが楽しくて。渋谷の道玄坂沿いで、マークシティの裏側あたり一帯です。27年度にホテル棟と商業施設棟が完成する予定で、エンタメの部分を手伝わせてもらっています。

松下　人が集い、お買い物したり、散歩したりする場所づくりですね。やっぱり笑顔をつくるお仕事をされているんですね。

Guest 13

高須光聖

高須 そんなかっこよく言っていただいて。ただ、テレビ以外のことをやっていると、書き物したり企画を考える時間が恋しくなるんです。自分の中ではすごくバランスがいいですね。

松下 循環されているんですね。僕も芝居と音楽をやっていて、今日もここに来る前はレコーディングでした。舞台稽古にのめり込み、視野が狭くなりがちな自分をリセットしてくれる時間になっています。

高須 そうですよね！

松下 今年、幼なじみのダウンタウンのお二人とともに還暦を迎えられますが、放送作家にも芸人さんにも定年はありません。これからも、ずっと見ていたいです。

高須 ありがとうございます。松下さんがすごく自然体で、怖くない人でよかったです。

僕、普段はもっとテンション高くしゃべるんですけどね。さっき誌面イメージを見させてもらって、アホなことばかりしゃべってもあかんなと。

松下 あははは（笑）。今日はいろんなお話を伺うことができ、本当に楽しかったです。ありがとうございました！

［2023年7月収録］

みんなを笑顔にする赤

テレビ業界には「高須ファン」がたくさんいますが、僕もそのひとりです。高須さんと松本さんのラジオ「放送室」（TOKYO FM系）を聴いて育ちましたからね。二人の会話に出てくる幼なじみの人たちの名前を全員言えるくらい、何度も何度も聴いてきました。たくさんお話ししたいことがあったので、時間が足りないくらいでした。

高須さんは、すごくクリエイティブな方でした。印象的だったのは、何度も「楽しいんですよね」とおっしゃっていたこと。生みの苦しみがあるお仕事だと思いますが、それらも含めて「楽しい」と言えることが素晴らしいし、僕もそうありたいです。

街づくりのお話も、素敵でした。笑いをつくるお仕事の人がプロデュースする街とは、どんなものでしょう。完成したら、ぜひ行ってみたいです。

テレビ番組だけではなく街を歩いていても、僕らは高須さんのひらめきと細かいこだわりが詰まった世界や場所に触れて楽しませてもらっていることが、よくわかりました。「IPPONグランプリ」の出演者が胸につけている黄色い羽根も、見慣れた光景になり、意味を深く考えることはありません。でも、街を歩いていて似たような羽根が落ちていたら、きっと「イッポン！」と言うでしょう。高須さんというつくり手の思いを我々は、いつの間にかキャッチしているわけで、改めてすごいお仕事をされている方だと思いました。

そんな高須さんには、明るくてパキッとした赤が似合うと思います。これからも多くの笑顔をつくるヒーローでいてほしいです。

たかす・みつよし／1963年生まれ、兵庫県尼崎市出身。これまでに企画したTV番組は約300。現在も10本のレギュラーの他に渋谷の開発、出雲大社遷宮の杜ブランディング、ラジオパーソナリティとその活躍は多岐にわたる

Guest

14

菅田将暉

俳優

菅田くんは年下だけど、ずっと憧れの存在で、友達にもなりたかった。映画で共演できる日が来たこと、そして対談にゲストとして来てくれたこと。どちらも僕にとって特別な出来事でした。

色気以上の「エロ気」です。最高でしたね

松下　今日はお越しいただき、ありがとうございます！

菅田　よろしくお願いします。連載の題字「じゅうにんといろ」も松下さんが？

松下　はい、描かせてもらいました。菅田くんとは映画「ミステリと言う勿れ」（２０２３年）で共演させてもらって以降、ずっと対談に来てくれないかな、と思ってました。

菅田　うれしいです。

松下　菅田くんとの最初の出会いは、20年の読売演劇大賞の授賞式でした。菅田くんが舞台「カリギュラ」で読売演劇大賞・優秀男優賞と杉村春子賞を受賞。その前年、「母と暮せば」で同じ賞をいただいた僕がプレゼンターとしてトロフィーをお渡ししました。でも渡しただけで、その時は特に何もお話はできなかったんですよね、コロナ禍だったから。

菅田　そうでした。授賞式は全員マスクで、ひっそりとすぐに終わる感じでしたね。

松下　僕が受賞した年は、お酒も食事も豪華なパーティーだったんですが、当然それもなくて。菅田くんとお近づきになることができず残念だなと思っていたら、22年のお正月にラジオ「オールナイトニッポン」の企画でパーソナリティーを務めさせていた

だく機会がありました。それがいつもは菅田くんがレギュラーで担当されている枠で。

菅田　あっ、そうだ。

松下　僕は生放送で「菅田くんと友達になりたい。LINE交換したい」と何度も言ったんです（笑）。だから「ミステリ」のお話をいただいた時には「きたーっ!!」と。

菅田　そんなそんな、ありがとうございます。

松下　今回僕が演じるのは、遺産相続でもめる狩集家の顧問弁護士の孫、車坂朝晴。演者として僕の名前があがった時に、菅田くんが「松下さんいいですね」と言ってくれてたと聞いて、「おっし」と。菅田くんが僕のことを知ってくれているというだけでテンションがあがりました。

菅田　いやいや、もちろん知ってます（笑）。「カリギュラ」の演出家・栗山民也さんが松下さんをとても評価されていることも知ってましたし、お芝居と音楽を両方やってるという点で勝手な仲間意識もありました。「ミステリ」のキャスティングって難しいんですよ。全員、両面あるキャラクターだから、奥行きが見えない人がいい。でも登場したときのテンションや印象はちゃんと美しさが必要なんです。普通すぎても、いい人すぎてもダメ。朝晴については、かなり早い段階から松下さんでいこう、となってましたね。

松下　うれしいです。僕はその時はまだ原作は読んでいなかったけど、断る理由はひとつもなくて。ただ、役柄を全然わかっていないままだったので、台本読んで初めて、これは大変な役を受けちゃったかもしれないと気づきました（笑）。

菅田　（笑）。危なっかしさが必要な役ですしね。あの台本だと、ともすればキレイにかっこよく演じることもできちゃうわけですよ。でも、最終的にはこっちが考えさせられるような形がいい。でも悪ぶってほしくはない。そんな役に松下さんの「エロ気」がはまってました。色気以上の「エロ気」です。最高でしたね。

松下　いやいやいや（照）。ありがとうございます。

現場の空気は「俳優部」が作ると教わった（菅田）

菅田くんは、意識してるわけじゃないかもしれないけど、現場の空気の作り方が本当にお上手だなと思いました。これまで何度も主演をやってこられたけど、意識していることはあるんですか？

菅田　うーん、なんでしょうね……。作品さえ良ければ、それでいいんですよね。ただ、テンポやリズムは意識してるかな。人間は集中力に限界があって、緊張に対して緩和がないと力を込めるべき時に入らない。その力が枯渇している現場は何度も経験がありますから。

映画の「ミステリ」では、原菜乃華ちゃんが苦戦してやり直したシーンがありましたが、やっぱり一番いいところを撮ってあげたいし、一番いいものを作りたいと思ってました。同じように俺が若い頃、当時の主演の方たちがそれとなくフォローしてくれたり、怒ってくれてたり、笑わせてくれてたりしたんだろうな、とは思いますね。

松下　なるほど。座長として、この人みたいになりたいと思う人はいますか？

菅田　一番は、小栗旬さんかな。生田斗真くん、綾野剛くんらも、この人についていけば大丈夫だという空気があります。そんな風になりたいと思うのは、以前「現場の空気は『俳優部』が作る」ということを教わったことが大きいですね。監督やスタッフがどんだけ頑張っても、結局は俳優陣のムードになりますから。松下さんは主演の時に気をつけてることはありますか。

松下　僕は、主演はほぼなくて。特に映像は一回もないかな。

陰で努力をする姿勢に、純粋に感動した（松下）

菅田　えっ。そうですっけ？

松下　はい。映像に出させていただけるようになったのは本当に最近で。（綾野）剛さんと星野源さんがダブル主演で菅田くんも出演していたＴＢＳ系ドラマ「ＭＩＵ４０４」（20年６～９月）に１回だけゲスト出演させてもらったのが、ＮＨＫ連続テレビ小説「スカーレット」が終わって最初のドラマ。

菅田　そうなんですね。「ＭＩＵ４０４」は最近の印象ですね。松下さんの存在感ある演技を見てると、そんな感じしないですけどね。

松下　そんな感じなんですよ（笑）。僕はまだまだ映像の世界をわかってない部分がたくさんあります。

台本が菅田くんだけボロボロになっていた

松下　映画「ミステリと言う勿れ」はドラマ同様に、主演の菅田くんはすごいセリフ量なのですが、きっちり覚えていらっしゃって。たくさん時間をかけて準備されたんだろうな、すごいな、と思っていました。

菅田　今回は原作の漫画を何度も読んでいたし、ドラマを経ての映画でもあったので、脚本を作っていく時に「このセリフは残しますか？」などのやり取りをさせてもらいました。そのラリーが続く段階で結構、頭に入ってました。

松下　他の作品も、セリフが１００％入っている状態で現場に行きますか？　人によっては８割くらいで行く人もいるじゃないですか。

菅田　ほぼ入ってる状態で行きます。セリフが多い時は特に。ただ、20歳くらいの時は入れすぎちゃって、セリフを言うと頭の中で文字がパラパラと出てきて、それをただ読んでるような状態になったことがあるんです。だから覚えすぎないようにしないといけないなと思ったことはあります。どのくらい入れておくか、難しいですよね。

松下　うん、難しい。何回も読むと、無意識のうちに自分の言い方ができてしまって、自分のセリフの前の人が意外な言い方をすると対応できなくなったり、自分が思う言い方に相手を誘導してしまったり。

菅田　そうですね。このセリフのあと、あの人振り向くんだよな、とか考えると準備を始めてしまったりして。

松下　そうそう。でも「ミステリ」の現場で１００のセリフが入っている菅田くんを目撃した時は、作品のためにやれることは全部やる人なんだろうなという印象を受けました。台本が菅田くんだけボロボロだったし。陰で努力をしていることがわかって、その姿勢は純粋にすごいなと思って、感動しました。

菅田　そんなこと言っていただけて、うれしいです。僕、台本は、ボロボロになるんです。昔はあまり書き込まない派でキレイだったんですけど、舞台をやるようになってからは、書いて覚える方が性に合ってるなと思うようになって。

松下　なるほど。

菅田　戯曲は自分で翻訳するじゃないですか。例えば「ロミオとジュリエット」の愛の解釈は無限にある。それを台本1冊で伝える時に、自分なりに翻訳していかないと伝えられないなと思って、書き込んで考えるようになりました。松下さんは、書きますか?

松下　僕は舞台の時はけっこう書き込むけど、ドラマや映画はほぼなにも書かないです。

菅田　そういう意味で言うと、「ミステリ」は演劇的な感覚が強いですね。基本的に密室劇だし。

松下　確かにそうですね。

菅田　それにしても「ミステリ」の現場、すごく楽しかったな。地獄にいるんだけど、上から垂れてくる蜘蛛の糸をみんなで必死につかみにいったというか……（笑）。撮影期間中に本当に仲良くなって、一体感が生まれましたよね。何より松下さんが来ると現場の体温が2度くらい上がるんですよ。

松下　あはは！

菅田　活気にあふれて、明るくなるんです。そこに（萩原）利久が変なぶっこみを入れて回し出して、町田（啓太）くんが乗っかって。みんな笑いのツボが近くて盛り上がりました。

松下さんが、いきなり人間の手の親指の付け根のふっくらしている部分を指して「ここ、美味しそうじゃない？」と言い出したこともありましたね（笑）。柴咲（コウ）さんがツボってましたね（笑）。

松下　そうでした（笑）。その後、太ももはどうだろう、ふくらはぎは脂身が多いんじゃないか、赤身ってどこだろう、という話から、誰が一番おいしそうかという話になって。

菅田　あはは（笑）。最終的に、町田くんになりましたね。僕らが捕食者だったら、絶対に町田くんを食べるよね、と。健康的かつほどよく筋肉質で可食部も大きいしって。

松下　（笑）。そのあたりから松下さんってサイコパスですよね、といじられるようになった。

菅田　「ミステリ」は僕が主演でしたけど、松下さんは現場がスムーズにいかなかった時に「どうしたらいいかな」という目線で一緒に考えて動いてくれる。ありがたかったです。

松下　そんなこと言ってくれて、うれしいです。とにかく楽しかったな。みんなで食事にも行きましたしね。

菅田　メンツがメンツだから店選びが大変でしたよ（笑）。しかも時間はまだ昼過ぎで。

松下　菅田くん、町田くん、柴咲さんらスターがいっぱいだからね。菅田くんがお店を探して、グループLINEに「ここどうですか？」と候補をどんどんあげてくれて。うわっ、探してくれてる！と何だか申し訳ないような気持ちになりました。ただ、飲

芦田愛菜ちゃんや
加藤清史郎くん。
あの年齢であんなに
芝居できるのは恐ろしい（松下）

僕は、年齢を感じました。
自分はもうそっち側には
いないんだな、と。（菅田）

食店検索サイトとかで選んでて、行きつけのお店とかじゃないんだ、って（笑）。

菅田　いやいや、行きつけじゃなくても昼過ぎからやってるところは、ないですよ（笑）。

松下　（笑）。結局、すごくいい和食屋さんを見つけてくれて。

菅田　あそこよかったですよね。都内のわりとど真ん中にあって、昼過ぎからやってて、個室があって。その後、プライベートでも何度か行ったな。

松下　僕も行った（笑）。

菅田　見つからずにいてほしいですよね（笑）。

松下　ほんとに（笑）。

すごいですよね。僕がもし クラスメート役だったら震えます

菅田　僕が映画「ミステリと言う勿れ」で演じている久能整くんは、大学生の設定です。年齢を重ねるとできなくなるから、その時は次の世代にやってほしいと思ってます。

松下　2代目・久能整、いいですね！　金田一みたいな。

菅田　そうそう。

松下　実現するなら、やりたい人たくさんいると思います。誰にやってほしい？

菅田　誰だろう。今の20歳くらいで……。今回の映画に出演した（萩原）利久は24歳だし、もっと下だもんな。いま主題歌を歌わせてもらっている日本テレビ系ドラマ「最高の教師　1年後、私は生徒に■された」（23年）で高校生を演じてる世代になるのかな。松下さんはこのドラマに出演してますが、あのキャストのみんなはどうですか？

松下　芦田愛菜ちゃんと加藤清史郎くんはもちろんだけど、他のみんなもすごいんですよ。あの年齢であんなに芝居できるって、恐ろしいなと。

菅田　すごいですよね。1話の愛菜ちゃんは特にすごかった。僕がもしクラスメート役だったら震えます。

松下　その1話からバトンをもらった2話では、メインの山時聡真くんがまたすごくて。

菅田　わかります、気迫がすごかった。さんちゃん（山時）、いいんですよ。同じ事務所の後輩で、入った時は小学生くらいでした。

松下　子役からなんだね。僕は22歳で役者デビューして、最初は舞台が中心で。菅田くんらがテレビや映画で活躍しているのを見ながら、いつか自分もテレビの世界に行きたいな、と思っていたので、大きな役でなくてもドラマに呼んでいただいた時は、これはチャンスだと思って必死になって芝居をしてました。それが20代前半の頃だから、「最高の教師」で10代の若い子たちがのびのびと自分の力を発揮して良いお芝居をしていることが、本当にすごいなあって。しかも教室の中にはクラスメートという名の同業者のライバルがいる。そういう経験ができるのはすごくいいですよね。

菅田　そうですね。学園ものの良さですね。

僕は主題歌を書き下ろすために、イメージがほしくて「最高の教師」の撮影現場に行かせてもらったことがあるんです。そうしたら、プロデューサーの福井（雄太）さんが泣きはらした目で「今日いいことがあった」と。1話のラスト20分の大事なシーンを撮る日なのに士気がなかなか上がらなくて、福井さんが発破かけたけど、伝わってるのかわからなかった。どうしようかと思っていたら、清史郎くんがリハーサルの後に「生徒たちだけで教室で空気を作らせてください」と言ってきたそうなんです。

松下　へー。それはすごい。

菅田　教室にはカメラが置いてあるので、清史郎くんがみんなに語りかける様子を前室のモニターで見ていたら、明らかに生徒役のみんなの空気が変わったのがわかったらしくて。福井さんは感激して泣いてた。

松下　清史郎くんすごいな。そして福井さんは、すごい熱い人ですね。ただ、本当にすぐ泣きますよね（笑）。

菅田　（笑）。そうそう、僕らより泣くからね。

福井さんとは、僕が教師役を務めた19年の同系ドラマ「3年A組　今から皆さんは、人質です」でも一緒だったんです。クライマックスで、カメラに向かって僕がひとりでしゃべるという大事な場面があったんだけど、福井さんはリハーサルで号泣してて（笑）。

松下　あはは（笑）。

菅田　いやいや早いよ、枯れちゃいますよ、と。まだ本番あるんですけど、って。「うっうっ、ごめん本当に。気にしないで」と言いながら泣いてました（笑）。

松下　福井さんと僕、36歳で同い年なんですよ。

菅田　そうなんだ？　そう思うとあのピュアさはすごいです。「最高の教師」の現場では、福井さんに「みんなの前でちょっとしゃべってよ」と言われて、生徒たちに挨拶する機会もあったんですけど、震えましたね。今の高校生くらいが集まるとこんなに怖いっけ？と。

松下　同じことを主演の松岡茉優さんも言ってました。初めて教壇に立った時、震えたって。

菅田　松岡さんでもそうなるんだ。僕は、年齢を感じました。自分はもうそっち側にはいないんだな、と。街を歩いててもJKの集団とか一番怖いですよね（笑）。

松下　わかります。僕はまだ生徒の皆さんに一度もお会いしてないんですが、今度、文化祭に行くの。周囲にたくさん生徒がいる中で芦田愛菜ちゃんと少し話すシーンで。今ずっと悩んでるのは、撮影の合間に僕はどこにいればいいのかな、ということ。生徒たちがばーっといる前室では待てない（笑）。

菅田　（笑）。おすすめはセットがあるフロアの一つ上にある中庭です。日当たりが良くて、空が高いし、あそこいいですよ。

松下　ああ！

菅田　もしくは、差し入れで心を掴む、です（笑）。僕は「3年A組」で、その手を使いました。みんなの好きなものを聞いて、毎日差し入れをして、それきっかけで会話して。でも、だんだんネタがなくなってきて、最終的に言われたのは「チョコレートフォンデュ」（笑）。くるくる回してつけるやつ、やりましたよ。スタッフ陣が一番喜んでました。

松下　（笑）。僕も差し入れ考えてみます。

結局は人ですね。この人に会えるだけでいいやと思えるから

松下　僕も服は好きなんだけど、菅田さんの服へのこだわりは次元が違うなと思っています。以前、一緒にご飯を食べに行った帰りにタクシーを拾おうとしたら、ちょうどそこに古着屋さんがあって。菅田

くんは「僕、ここちょっと見ていくんで。それでは」と。あの後、めっちゃ買ったんだよね?

菅田　よく覚えてますね（笑）。大量に買いました。古着屋はとりあえず入ってみないと。

松下　衣装にも意見を伝えることがある?

菅田　衣装については、どの現場でも言える時は言うようにしてます。映画「ミステリと言う勿れ」はドラマ版（フジテレビ系）に続いてスタイリストが伊賀大介さんで、イチ話せば２５０くらい伝わる方だったので話が早かったですね。伊賀さんとは「この人のクローゼットどうしよう」という会話ができるんです。どんな服やカバンを持っていて、どんなルーティンで暮らしていて、どんな人に会って、と。衣装からお芝居を作るというのはあります。

松下　すごいなあ。

菅田　テレビや映画はもちろん、舞台での衣装はこちらの想像を超えるものだったりするから、より話すことが多いかな。

松下　いま、栗山民也さん演出の舞台「闇に咲く花」（こまつ座40周年・第2弾・第147回公演）の稽古中で、本番と同じ衣装を着させてもらっているんだけど、ある時突然、栗山さんが「その靴、きれいすぎる。ダメだ」と。急きょ、別の靴を用意してくれて、履き直したら、その瞬間にちょっと気持ちが変わった。

菅田　へー、面白い。わかるな。

松下　菅田くんは自分でも服を作るんだよね？

菅田　はい。祖父が服を作っていたのを見て育った影響です。1枚の生地と糸が服になっていく工程が、なんか好きなんです。三次元のものを一回、二次元に製図する行為が面白くて。子どもの頃に、雑誌の付録とかで切り取って組み立てる立体パズルをやる気持ちに近いかな。

松下　何かを作ることが好きなんだね。

菅田　そうですね。それと、ミシンは何も考えないでできるから。

人間って、何もしてない時も脳は動いていて、考えちゃうじゃないですか。1週間後のあのシーンが、とか。そうすると寝られなくなるから、その時はミシンをするんです。襟を縫うことに5、6時間費やすことで、逆に休まる。ヒーリング効果もあってやってます。

松下　休息は必要だね。昨年、休養していた時期があったけど、それまではデビューからずっと走ってきたんだよね。

菅田　そうですね。16歳でデビューしてから12、13年はほぼ休んでなかったんです。休んでも2日が最高で3日以上の連休はありませんでした。自分で選んだ道だから、数をこなしてきたんですけど、初めてまとまったお休みをもらいました。

松下　デビュー当時はギラついてた？

菅田　ギラついてましたね。特定の誰かに、という

Guest 14

菅田将暉

ことではなくて、世の中に反発したいというか。

松下　わかるような気がする。僕の場合は、自分ができないことを誰かのせいにしないと立っていられなかった感じ。いま振り返ると、自分の力不足が絶対にあるんだけど、自分のせいにできなかった。それをやっちゃうと辞めちゃいそうで。演出家や先輩の俳優さんらが、真っ向からボコボコにしてくれて、気づかせてくれた。

菅田　僕の場合、その気づきは舞台ですね。蜷川幸雄さんがまさにそうだけど、本当にスリッパとか投げられましたから（笑）。「へたくそー」って。あの瞬間は必死に生き残らなきゃ、と思っていました。

松下　そうなんだね。僕も悔しいこともあったけど、それがなかったら、今ここにいなかったかもしれないなとは思って。やっぱり人との出会いが大きかった。

菅田　結局は人ですね。この人に会えるだけでいいやと思えるから。

松下　そうだね。映画「ミステリと言う勿れ」も、菅田くんらキャストのみんなに会えるのが楽しくて、だから頑張れた。最近、僕自身も「楽しい現場」を作れるようにしたいなと思うようになりました。

菅田　うん、作りたいですよね。松下さんは無茶苦茶、現場づくりに向いていると思います。

松下　ほんと？　そんなこと言ってくれてうれしいですよ。菅田くんとまだまだ話したいことがいっぱいあるから、近々また飲みに行きましょう。

菅田　行きましょう！　「ミステリ」のみんなで行った店に。まだバレてないから（笑）。

松下　そうだね（笑）。今日は、ありがとうございました！

［2023年7月収録］

ヴィンテージのアコースティックギターみたいなオレンジ

楽しかったですね。菅田くんのことが、話せば話すほど、気になりました（笑）。

菅田将暉という存在は、常に時代の一番先頭にいて、何か新しいことがスタートするような、ここぞという時に必ずそこにいる気がするんです。でも、ご本人の思想やモノへのこだわりは古き良き時代のレトロな部分もあって。最先端と古風。その両方を持っている不思議な魅力のある人だと思います。

先日、菅田くんが着ていた服を「かっこいいね」と言ったら「中学生の頃からはいてるんです」と。ちょっとした小物も、聞けば高校時代から使ってるものだったり。長年、丁寧に大事に使っているモノを持っていて、それがまたかっこいいですよね。

そんな菅田くんの色は……、うわー、難しいな。ほんと何色にもなれるんですよね。つまり全色持っているということです。

菅田くんは、真ん中にいる時はもちろん、どんだけ端っこにいても変わらなくて、誰もが大好きな人です。言い換えるならば、使い込むほどに味が出て、深みが増す家具やソファのように、どれだけ時代が進んでも長く愛されるヴィンテージのような存在です。ヴィンテージの中でも、アコースティックギターですね。世界的な超有名アーティストら最先端をいく人はみんな持っていますから。菅田くんもそういう存在で、みんなが使いたいし、求めている。これからも、多くのことを学ばせていただきたいと思っています。

すだ・まさき／1993年生まれ、大阪府箕面市出身。2009年、「仮面ライダーW」で俳優デビュー。以降、話題作に多数出演

じゅうにんといろ
カラーリスト

第1回
井浦 新さん
（俳優）

井浦新さんは
広くて果てしない
大地の色

第2回
林 遣都さん
（俳優）

林遣都くんは
深い海の
底のような色

第3回
マギーさん
（俳優・脚本家）

マギーさんは
守ってくれる
大きな木のような色

第4回
千鳥 ノブさん
（お笑い芸人）

ノブさんは
遠赤外線ヒーター
みたいな
あったかいオレンジ

第5回
川谷絵音さん
（ミュージシャン）

川谷絵音さんは
ガラスのような
繊細な青

第6回
木村多江さん
（俳優）

木村多江さんは
鮮やかで
優しい色

第7回
太田快作さん
（獣医師）

太田快作さんは
花子みたいな白

第10回
丸本達彦さん
（スタイリスト）

丸本達彦さんは
深い海の底
のようなブルー

第9回
天海祐希さん
（俳優）

天海祐希さんは
パワースポット
のような明るい色

第8回
新納慎也さん
（俳優）

新納慎也さんは
鮮やかな
花のような紫

第13回
高須光聖さん
（放送作家）

高須光聖さんは
みんなを
笑顔にする赤

第12回
藤木直人さん
（俳優）

藤木直人さんは
さわやかな笑顔に
似合う黄色

第11回
魔裟斗さん
（元格闘家・タレント）

魔裟斗さんは
内側から輝く
本物のゴールド

皆さんの〝色〟は
僕の心の糧と
なっています（松下）

第14回
菅田将暉さん
（俳優）

菅田将暉くんは
ヴィンテージの
アコースティック
ギター
みたいなオレンジ

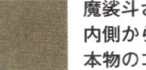

epilogue

憧れの人にお会いできたり、久しぶりに会えた先輩や、初めましての方がいたり。いつも「ここでしかできない話」をたっぷりすることができました。

ゲストの皆さんに共通していたことは、本当に楽しんでお仕事をされているということ。僕もそうありたいし、好きな仕事ができていることは、とても幸せなことだと感じています。

ひとつの対談が終わるたび、もう次の出会いが待ちきれない充実した日々は、「じゆうにんといろＰａｒｔ・２」に続きます！

Profile

松下洸平◎まつした・こうへい
1987年生まれ、東京都八王子市出身。2008年、洸平名義でメジャーデビュー。舞台「母と暮せば」(18、21、24年)、NHK連続テレビ小説「スカーレット」(19年)、ドラマ「最愛」(21年)、NHK大河ドラマ「光る君へ」(24年)、ドラマ「放課後カルテ」(同)、ミュージカル「ケイン&アベル」(25年) など出演多数。第73回文化庁芸術祭演劇部門新人賞、第26回読売演劇大賞優秀男優賞、杉村春子賞を受賞(以上18年)、エランドール賞新人賞受賞(23年)。21年には「松下洸平」として再メジャーデビュー、シンガーとしての活動も本格化。写真集「体温」(マガジンハウス)、エッセイ集「フキサチーフ」(KADOKAWA)発売中。テレビ、映画、舞台、番組MC、文筆業まで活躍の幅を広げている。

松下洸平
じゅうにんといろ Part.1

2025年3月30日　第1刷発行

著者　松下洸平

＊本書は「AERA」2022年7月18・25日合併増大号～23年9月25日号までの連載を一部修整、加筆しています。

発行人　市川裕一
編集　AERA編集部(古田真梨子／秦正理)
装丁・本文デザイン　フロッグキングスタジオ(福島源之助／森田 直)
校閲　朝日新聞総合サービス出版校閲部
撮影　朝日新聞写真映像部・東川哲也
篠塚ようこ／植田真紗美／山本倫子

発行所　朝日新聞出版
〒104-8011　東京都中央区築地5-3-2
電話　03-5541-8627(編集)
03-5540-7793(販売)

印刷　TOPPANクロレ株式会社

ISBN 978-4-02-332394-0
定価はカバーに表示してあります。